犯罪制图案例分析：实践与研究

Crime Mapping Case Studies: Practice and Research

［英］Spencer Chainey，Lisa Tompson　编著
陈　鹏　苏国锋　陈　涛　钟少波　译

中国人民公安大学出版社
·北　京·

著作权合同登记号 图字：01－2014－1371
图书在版编目（CIP）数据

犯罪制图案例分析：实践与研究／（英）夏尼（Chainey，S.），（英）汤普森（Tompson，L.）著；陈鹏等译. —北京：中国人民公安大学出版社，2014.3
（警务犯罪地理信息系统应用译丛）
书名原文：Crime mapping case studies：practice and research
ISBN 978－7－5653－1670－8

Ⅰ. ①犯… Ⅱ. ①夏… ②汤… ③陈… Ⅲ. ①地理信息系统—应用—犯罪—制图 Ⅳ. ①D914－39

中国版本图书馆 CIP 数据核字（2014）第 043763 号

犯罪制图案例分析：实践与研究
Crime Mapping Case Studies：Practice and Research
［英］Spencer Chainey，Lisa Tompson 编著
陈 鹏 苏国锋 陈 涛 钟少波 译

出版发行：中国人民公安大学出版社
地　　址：北京市西城区木樨地南里
邮政编码：100038
经　　销：新华书店
印　　刷：北京市泰锐印刷有限责任公司

版　　次：2014 年 4 月第 1 版
印　　次：2014 年 4 月第 1 次
印　　张：10
开　　本：787 毫米×1092 毫米 1/16
字　　数：200 千字

书　　号：ISBN 978－7－5653－1670－8
定　　价：50.00 元

网　　址：www.cppsup.com.cn　www.porclub.com.cn
电子邮箱：zbs@cppsup.com　zbs@cppsu.edu.cn

营销中心电话：010－83903254
读者服务部电话（门市）：010－83903257
警官读者俱乐部电话（网购、邮购）：010－83903253
公安业务分社电话：010－83905672

目　　录

译者序 …………………………………………………………………………… 1
序言 ……………………………………………………………………………… 1

第一部分　犯罪制图系统的开发

1　新西兰的地理信息与犯罪制图系统开发 ……………………………… 3
1.1　项目的出发点 ………………………………………………………… 3
1.2　新西兰警察部门开发的基于 Web 的 GIS 解决方案 ………………… 4
1.3　基于地图的警务分析系统建设 ……………………………………… 5
2　应用于巴西里约热内卢的地理参考和犯罪监控的分析技术 ………… 7
2.1　引言 - 里约热内卢的犯罪分析业务发展 …………………………… 7
2.2　以时空为监控单元的分析工作 ……………………………………… 8
2.3　基于纸版地图的犯罪分布态势分析 ………………………………… 11
2.4　基于 GIS 和数字化地图的犯罪分布态势分析 ……………………… 14
2.5　里约热内卢公交沿线的犯罪分析 …………………………………… 15
2.6　结论 …………………………………………………………………… 15
2.7　参考文献 ……………………………………………………………… 16
3　在大执法部门应用的犯罪制图系统：以澳大利亚维多利亚警察局为例 …… 17
3.1　前言 …………………………………………………………………… 17
3.2　阶段性的开发与规划 ………………………………………………… 18
3.3　目前的进展情况 ……………………………………………………… 22
3.4　犯罪制图项目 - 一些典型案例 ……………………………………… 22
3.5　结论 …………………………………………………………………… 23
3.6　参考文献 ……………………………………………………………… 24
4　警务自动简报生成系统 ………………………………………………… 25
4.1　前言 …………………………………………………………………… 25

4.2 林肯市警察部门的犯罪地图自动输出系统 …… 26
4.3 林肯市警察部门的自动化警务业务开发 …… 28
4.4 如何在您的部门中开展自动化犯罪制图 …… 29

第二部分 基于地理信息技术的犯罪调查分析

5 空间情报分析：原理、方法与应用 …… 33
5.1 前言 …… 33
5.2 地理画像的基本原理 …… 33
5.3 地理画像的实现方法 …… 34
5.4 对“批量化”犯罪活动的地理画像技术应用：欧文市的盗窃犯罪分析 …… 36
5.5 欧文市地理画像分析效果评估 …… 39
5.6 参考文献 …… 39
6 警务工作中开展地理画像分析面临的主要问题：以英格兰巴斯的连环性侵犯罪活动为例 …… 41
6.1 前言 …… 41
6.2 对英格兰巴斯的连环性侵案件进行地理画像分析 …… 42
6.3 罪犯的地理属性 …… 45
6.4 业务领域和学术领域的地理画像比较 …… 46
6.5 结论 …… 47
6.6 参考文献 …… 48
7 破获铁锤帮行动：概率网格法在连环武装抢劫空间分析中的应用 …… 49
7.1 前言 …… 49
7.2 背景 …… 50
7.3 数据绘图和图像获取 …… 51
7.4 预测下一次犯罪活动可能发生的地点 …… 52
7.5 结果 …… 53
7.6 概率网格法应用过程中的一些注意事项 …… 54
7.7 结论 …… 54
7.8 致谢 …… 55
7.9 参考文献 …… 55
8 “摇骰子”：在内布拉斯加州林肯市对罗斯福·欧文的抓捕 …… 57
8.1 前言 …… 57

8.2 欧文所实施的连环银行抢劫案 …… 57
8.3 分析欧文的连环犯罪活动 …… 59
8.4 “摇骰子”行动 …… 60
8.5 地理分析的关键性作用 …… 61

第三部分 社区分析

9 基于策略性资源分配的社区警务与社区安全方案 …… 65
9.1 前言 …… 65
9.2 周期性资源分配模型 …… 66
9.3 实际效果 …… 67
9.4 前景 …… 67
9.5 参考文献 …… 68
10 英格兰维冈市开展的问题社区识别与脆弱性区域指数分析
——一种用于犯罪预防的策略性多部门协同方法 …… 69
10.1 前言 …… 69
10.2 一种周期性的脆弱性区域分析指标 …… 70
10.3 维冈市的脆弱性区域 …… 71
10.4 通过脆弱性区域指数分析来了解犯罪分布形态 …… 73
10.5 发展脆弱性区域指标体系支持城市发展和社区警务 …… 75
10.6 致谢 …… 75
10.7 参考文献 …… 75
11 减少社区的二次犯罪：基于地理信息系统的大曼彻斯特地区罪犯
策略性分析 …… 76
11.1 背景与前言 …… 76
11.2 应用、检验与分析 …… 77
11.3 结果与需要注意的一些问题 …… 80
11.4 参考文献 …… 81

第四部分 可视化督查和调查数据与犯罪制图系统的集成

12 社区安全制图在线系统：利用调查数据来确保制图的可靠性 …… 85
12.1 前言 …… 85
12.2 社区安全制图在线系统 …… 85

12.3 衡量公众的安全感 …… 86
12.4 可视化治安环境督查 …… 87
12.5 结果的实践应用 …… 89
12.6 项目评价与下一步的工作 …… 91
12.7 参考文献 …… 93
13 对犯罪恐惧进行制图——应用于伦敦默顿区的一种方法 …… 94
13.1 前言 …… 94
13.2 过程 …… 94
13.3 方法 …… 95
13.4 结果 …… 96
13.5 方法应用和注意事项 …… 99
13.6 参考文献 …… 100
14 夜视——巴斯与萨默塞特东北部地区的夜间犯罪的可视化督查 …… 101
14.1 前言 …… 101
14.2 项目设计与使用 …… 101
14.3 方法选择上需要考虑的问题 …… 101
14.4 “夜视”项目调查结果 …… 105
14.5 实际行动 …… 106
14.6 结论 …… 107
14.7 参考文献 …… 107

第五部分 新技术

15 邻近重复盗窃现象 …… 111
15.1 前言 …… 111
15.2 伯恩茅斯的邻近重复犯罪现象 …… 111
15.3 用于分析邻近犯罪现象的方法 …… 112
15.4 开展邻近重复性犯罪的预防措施 …… 113
15.5 实际影响和效果 …… 114
15.6 结论 …… 117
15.7 参考文献 …… 118
16 犯罪模拟在理论分析和实践方面的应用 …… 119
16.1 前言 …… 119
16.2 Agent - Based 模拟 …… 119

16.3 创建一种基于理论的仿真模型来检验日常活动理论 …………… 121
16.4 研究的结果与显著性——模拟场景与日常活动理论原理的比较 …………………………………………………… 123
16.5 模拟结果与实际结果的比较 ……………………………… 125
16.6 实践应用的意义 ………………………………………… 125
16.7 参考文献 ………………………………………………… 126
17 用于评估恐怖袭击脆弱性目标的犯罪制图技术 …………… 129
17.1 前言 ……………………………………………………… 129
17.2 评估目标的脆弱性：两类要素 …………………………… 129
17.3 评估目标的脆弱性：一个虚拟案例的分析 ……………… 131
17.4 需要注意的一些问题 …………………………………… 136
17.5 参考文献 ………………………………………………… 136
18 交互式罪犯分析系统 ……………………………………… 137
18.1 前言 ……………………………………………………… 137
18.2 一种集成式操作系统 …………………………………… 138
18.3 互动式罪犯分析系统的潜在应用价值 ………………… 142
18.4 致谢 ……………………………………………………… 143
18.5 参考文献 ………………………………………………… 143

索　引 …………………………………………………………… 144

译者序

随着我国公安工作信息化的发展，地理信息技术被广泛应用到公安工作的各个领域，无论是指挥调度、情报分析研判还是视频侦查分析都越来越离不开地理信息技术的支持。目前，全国已经有很多地方的公安部门开展了警用地理信息系统（PGIS）建设和应用，但由于工作开展的较晚，在一些系统的建设和功能的创建方面还存在着目标不明确、经验欠缺等不足。为此，我们组织翻译了这本《犯罪制图案例分析：实践与研究》。这本书收集了近几年来国外开展的一些犯罪制图系统建设和应用领域中的典型案例，尤其是对系统建设和业务应用中出现的问题和挑战做了详细的描述，这对于国内开展相关领域的工作无疑具有十分重要的借鉴意义。

本书是《地理信息系统与犯罪制图》系列丛书的第二本。相对于上一本书而言，本书更侧重于实际应用案例的说明，因此也是对上一本书在内容上的进一步扩展和补充。本书不仅适用于公安实战部门的业务人员阅读，同时也可以用于公安高等院校公安技术类专业以及其他高等院校相关地理信息专业的本科与研究生教学。

本书的翻译和出版得到了国家自然科学基金青年项目“突发自组织群体异常行为心理分析与识别方法研究”（编号 71203229）、“十二五”国家科技支撑计划项目“社会安全基础工作对象信息采集与提取技术研究”（编号 2013BAK02B05）与科技部质检公益性行业科研专项项目“应急协同标绘与信息交互技术标准研究”（编号 201010258）的资助，同时在审稿和校对过程中也得到了中国人民公安大学警务信息工程学院洪卫军教授、陈志华教授与清华大学公共安全研究院袁宏永教授和黄全义教授等多位老师的帮助，在此一并表示感谢。

译　者

序　　言

犯罪制图是一个将犯罪执法工作与现有的地理信息系统应用和研究产品有效结合的产物。在过去十年中，无论是在发达国家还是发展中国家，警察部门和犯罪预防部门利用犯罪制图技术在警务智能化、犯罪调查、犯罪预防、绩效提升、信息共享与犯罪预防等领域均取得了快速发展。

《犯罪制图案例分析：实践与研究》通过提供真实案例、实际问题解决方案，以及用于信息警务和犯罪预防的最新技术对犯罪制图近年来的发展和应用进行了全面的总结。虽然目前市场上已经出版发行了一些与犯罪制图有关的著作和书籍，并且这些书籍对目前应用于犯罪制图方面的技术、方法已经进行了很好的阐述，但本书的目的更多的是为了通过总结犯罪制图在各国应用的现状进一步对现有的成果进行补充。

本书是以美国警察执行研究论坛所出版的两卷《犯罪制图案例分析：该领域的成功应用》为基础编撰的。这两卷著作虽然自 2000 年后未能继续出版，但在宣传犯罪制图理念和引起公众对犯罪制图领域的关注等方面却起到了十分重要的作用，这在美国尤其明显。我们希望能够在这本书中将前人的工作继续发扬光大，并且如果有幸能够形成丛书系列的话也将有利于今后出版更多的关于犯罪制图的案例。本书与美国同行所出版的相关专著的区别在于本书不仅仅说明了犯罪制图技术的成功应用，并且收集了更多的案例来为读者展示在使用犯罪制图过程中所出现的问题，此外还收集了一些犯罪制图使用过程中容易出现的错误和存在的挑战事例，以便于其他同行在使用犯罪制图时能够有效地从中吸取教训和获得启发。

本书的每一个案例以展示一个特定的应用、分析技术或新的理论概念为主，并且在写作风格上力主简洁。我们也希望本书能够为犯罪制图的优秀案例交流提供一个契机。由于我们出版本书的目的之一是将每年在英国、美国等地召开的犯罪制图会议（详见 www. jdi. ucl. ac. uk 与 www. ojp. usdoj. gov/nij/maps）上所作的精彩报告公开出版以更好地实现知识的传播，因此在本书编撰的过程中我们从这些会议上所作的报告里选取了一些优秀的案例作为本书的内容。这样一来就很好地实现了我们当初鼓励一些犯罪制图用户将其工作整理成文档以实现与其他人共享的目的。故而在本书中读者将会看到有很多案例都是由警察和犯罪预防专家，包括分析师、GIS 分析员、公共安全行业人员甚至是警察局长所提供的。除此以外我们还在学术交流过程中从所结识的犯罪制图用户那里收集了部分资料以充实本书。本书的一个特别之处是不仅仅提供了英国和美国的案例（犯罪制图在两国发展的最早也最完善），同样也收集了来自澳大利亚、新西兰、南非和巴西的案例材料。我们期望通过这些资料的整理能够为所有读者，无论对犯罪制图熟悉与否还是来自哪一个国家，都能够从中得到或多或少的收获。

本书同样也收集了一些从事犯罪制图研究的知名学者所做的重要工作，对于读者来说从本书中一方面能够了解到这些专家的最新工作，另一方面也避免了从专业学术期刊获取相关信息的不便。

本书一共划分为五个部分，第一部分主要介绍的是关于犯罪制图开发的案例。首先在第一章里，新西兰警察部门的 Rick Mckee 等人介绍了他们是如何开发 GIS 和犯罪制图工具来辅助解决犯罪问题的。随后第二章中 Ana Paula Mendes de Miranda 和 Marcus Ferreira 介绍了他们所开发的一项用于解决巴西里约热内卢犯罪记录地址编码的技术。这项技术目前已经在对里约热内卢警察治安工作具有重要意义的空间犯罪分析中展现了良好的效果。在第三章中 Tim Mashford 介绍了澳大利亚的维多利亚警察局如何在一个大执法机构内解决犯罪制图应用过程中所遇到的问题。第一部分的最后一个案例由美国内布拉斯加州林肯市警察局的局长 Tom Casady 提供。Tom 介绍了其所领导的部门如何通过将占用分析师大量时间和精力的标准报告与功能自动化，使其有更多的时间来进行专业的分析工作，最终使犯罪制图效率得到显著性提高。其中的犯罪制图自动化包括了“门限报警”功能，从而使警员能够对犯罪活动的空间形态进行动态更新。

第二部分的四个案例是与“犯罪地理调查分析”有关的专题。前温哥华警察局警察、现就职于德州大学的 Kim Rossmo 介绍了犯罪地理画像的基本原理和方法，并且他还从几个角度介绍了一些研究人员是如何来描述犯罪地理画像的应用效果的。通过采用加利福尼亚州的一起连环入室盗窃案作为案例，Kim 很好地对其工作进行了阐释。关于犯罪地理画像的实际应用，来自英国国家警务发展机构的 Claire Daniell 做了进一步的补充。Claire 主要讨论了在犯罪地理画像过程中分析人员所面临的的一些重要问题和挑战，他以在英国巴斯发生的一个连环性侵犯罪作为案例对这些问题和挑战进行了逐一的说明。来自南非德班警察局的 Chris Overall 与 Gregory Day 在接下来的案例中介绍了他们使用概率密度网格法来分析连环武装抢劫的空间分布形态。最后，Tom Casady 通过介绍林肯市警察局应用空间分析原理来抓捕曾经在四年内逍遥法外的银行抢劫犯 Rooevelt Erving，为读者介绍了地理分析的业务性应用是如何来支持警察部门的刑事侦查的。

第三部分的主题是“社区分析”。来自英格兰西米德兰警察局的 Alice O'Neill 介绍了他们应用犯罪制图来合理分派警力和犯罪预防资源来有效提高社区警务与社区安全规划的工作。尤其值得一提的是 Alice 还介绍了他们自己开发的“重大危险与风险评估指数”（STRATi）在保护公共安全、提高社区稳定性和减少犯罪率等方面的工作。Ian Bullen 随后介绍了大曼彻斯特的一个案例，详细阐述了他们是如何使用和建立脆弱性区域指数来识别和分析问题社区的。此外，同样是来自大曼彻斯特打击犯罪部门的 Dave Ottiwell 介绍了他们在社区分析方面的工作，重点是对罪犯的策略分析以及评估画像技术如何用于当地的二次犯罪的减少和预防。

第四部分收集了三个来自英国的案例来介绍调查和可视化督查数据是如何与犯罪制图应用结合在一起的。来自伯明翰社区安全协作机构的 Steve Rose 介绍了他们是如何在当地居民中进行一项名为“感觉不同”的社会调查并从中获取数据并与犯罪制图系统集成来分析和了解哪些社区对犯罪和反社会行为的恐惧感、关注度和担忧比较高。此外 Steve 还介绍了他们是如何引用环境可视化督查数据来用于使协作机构稳定运行工作的。Christ Williams 随后介绍了他们开展社区居民调查来分析街道一级的犯罪恐惧感方面的问题。在这一部分的最后，Jon Poole 介绍了巴斯和东北萨默塞特社区安全与反毒品协作机构的一种分析方法来帮助人们了解与夜生活经济有关的犯罪和反社会行为。该案例的特别之处还在于它突出了这一类调查工作的重要性从而有利于人们更好地理解与酗酒相关的犯罪问题。

在最后一部分中，我们介绍了一些近年来在犯罪制图研究领域出现的一些新成果和新方法。来自英国多赛特警察局的 Derek Johnson 介绍了如何从技术上应用时空邻近犯罪效应来预测社区入室盗窃犯罪的分布。他具体介绍了这一工作的研究基础以及他们是如何在业务工作中开展应用的。目前他们的工作已经在犯罪预防和减少方面取得了很好的成效。来自美国费城天普大学的 Liz Groff 在她提供的案例中介绍了她在犯罪制图 Agent 模拟方面所作的工作。这种仿真模拟技术除了能够用来解释环境犯罪学理论以外，还能够用来对一些假设问题进行分析（比如如果在某个地区多部署 20 名警察，犯罪分布会有哪些变化，等等）。Rachel Boba 随后在其案例中介绍了一种基于犯罪制图的技术，这种技术能够对恐怖活动对当地可能攻击的目标进行风险上的评估与分析。在工作中她应用了一种由 Clarke 和 Newman 提出的 EVIL DONE 标准。来自利物浦大学的 David Canter 和他的同事提供的案例构成了本书的最后一个章节，在案例中他们介绍了一种互动性的罪犯画像系统。这是一种正在研发中的工具，它能够在充分有效利用罪犯画像和犯罪地理画像的成果的基础上，对关联性犯罪、重点嫌疑人确定、罪犯关系网络、重点目标监控和进一步的犯罪活动预判进行分析。

在此我们衷心感谢为本书提供案例的所有作者，也衷心希望这些案例能够有助于提高读者对犯罪制图应用的认识。如果读者有更好的案例与我们进行分享请联系我们，我们将不胜感激并会考虑在下一卷犯罪制图案例分析丛书中出版您的案例。

Spencer Chainey
英国伦敦大学学院，Jill Dando 犯罪科学研究所

第一部分

犯罪制图系统的开发

1 新西兰的地理信息与犯罪制图系统开发

Andy Gilmour，Jill Barclay

1.1 项目的出发点

新西兰警察部门决定开发一种新型报警记录管理系统的最初想法始于20世纪90年代中期。该系统的核心是一个以地理信息系统为基础的报警工具，该工具能够使用户很方便地通过查询警用信息系统来确定某个具体区域内在特定时段中的犯罪活动分布态势。

基于美国的站点访问技术，新西兰警务信息通信（ICT – Information and Communication Technology）部门技术员工开发了一种以满足个体需求为主的、基于客户的GIS模块分析功能。他们所采用的方法为：信息通信部门负责技术工具的研发，然后统计终端用户的兴趣来对产品进行调整。首先收集国家一级部门的业务需求，然后在新西兰警察系统内部部署的19个初始访问站点上开发了前端GIS应用功能。整个系统于1999年年初投入使用。

该系统的特点是比较偏重于高层级的应用，而对于基层部门的适用性则不是很强。这主要源自于两方面的考虑，首先，由于之前没有GIS开发的经验，一些分析员工不清楚GIS应用工具能够为业务工作带来哪些新的功能。他们甚至会质疑对这些功能的需求是否合理，或者质疑这些功能在实际工作中是否会产生预期的效果。其次，该产品开发出来以后如果部署到基层的话还需要进一步的进行站点建设，这对于地方部门的行政成本无疑是不利的。

虽然新西兰警察系统的信息通信部门开发并部署了这项系统，但每个站点都不得不负责承担系统运行所必须配置的工作站和打印机的采购与运行维护成本，这成为了系统部署和推广的一个重要阻碍。在新西兰的地方基层部门，行政成本是一个非常重要的影响因素，在很多情况下，即便是犯罪分析师十分需要部署和建立系统的站点，但决策者往往不太情愿花这笔钱。

但排除这些因素，在系统完成并准备部署的时候，最初的19个站点迅速增加到了33个。来自其他部门的赞誉和支持使该系统的用户增加了三分之一。在成功进行了试点应用之后，该系统应用的桌面版被员工所接受，并且一些站点迅速产生了一些有价值的分析结果。各个站点的分析师可以通过为系统导入原始犯罪数据和特定区域的地图数据来为具体的分析需求运行特定的查询任务。

在系统中，街道一级的制图数据由新西兰信息通信部门服务中心提供给各个站点。这一做法的最大弊端是使各站点的维护和管理变得非常困难（尤其是软件和数据版本的更新），因为对于各站点的终端用户来说，有时候他们也会根据自己的想法在他们的工作站上进行数据的安装。因此随着时间的推移，系统各站点之间就会存在大量的不兼容问题，导致对 GIS 工具的维护需求不断增加。但现有的培训无法完全满足用户的需求，这就意味着有些站点无法实现所有的系统应用功能。因此在该系统部署 18 个月后，新西兰警察部门决定用一个基于 Web 的制图解决方案来代替该系统。

1.2　新西兰警察部门开发的基于 Web 的 GIS 解决方案

除了系统维护所带来的不断攀升的成本以外，新西兰警察部门提出了一种基于薄客户端的应用解决方案，这种方案相对来说容易维护并且能够使更多的终端用户接入信息通信系统。原先的专业化工作站就不再有存在的必要性，而是被分布于网络的 5500 台计算机所取代，这些电脑可以同时支持 10500 个员工浏览和操作制图应用服务。

随后整个开发任务的重点转变为将现有的用户已经适应和熟悉的功能复制和转化为薄客户端解决方案。在 2000 年年底的时候，一个被称为基于地图的分析治安系统（MAPS – Mapbased analytical policing system）作为浏览器的制图应用工具部署到了整个警察内部网络当中。虽然现在无法将 GIS 桌面应用工具复制到薄客户端的应用中，但人们还是决定坚持将 GIS 系统工具卸载。

虽然 MAPS 系统主要是由警察情报分析部门建立并用于识别犯罪分布状态和发展趋势，但是该系统也支持所有警务人员通过操作向导公式来对基本的制图查询进行编辑。该系统为用户提供了两类警用数据的入口许可：

1. 警务沟通与资源部署中心（CARD – Police Communications and Resource Deployment）的数据。在新西兰全国一共有三个这样的中心部门，所有的公共报警求助、一般事件和突发事件都会上报到这些部门。然后这几个部门会把数据传送到一个 MAPS 可接入的普通只读数据库中，这可以使制图人员能够在警方响应的 15 分钟后及时生成报警事件的分布地图。

2. 全国情报应用部门数据（NIA – National Intelligence Application）。NIA 是一个全国性的犯罪记录管理系统，新西兰全国所有的警员都可以登录该系统来查询和分析重要犯罪和其他相关的情报信息。MAPS 会接入到这类数据的一个存储库版本中，然后在 NIA 系统中 MAPS 能够利用这些数据在 15 分钟内创建出这些数据的犯罪地图。

对于所有的制图应用功能来说，MAPS 能够利用数据的空间编码信息将事件的地址呈现给分析人员，而 CARD 系统则是出于资源部署的目的才对地址进行编码。NIA 最初并没有对输入的犯罪和事件信息执行结构化的空间位置编码。这就需要在新西兰警察系统内部进行一个理念上的转变，加强对重要数据的空间信息的重视，使 ICT 工具能够在未来真正的成为情报分析的工具。目前精确编码的数据信息量所占比例只有大约 50%，可以想见这对于创建一个完整和准确的犯罪地图是远远不够的。

在刚刚过去的一段时间内，在 NIA 系统内部开展了一些对输入的犯罪记录进行结构化地址编码的工作，伴随着这种强制性的要求也带来了一些规范的制定，即基层警员如何能够记录到这些事件的地址信息以及在什么情况下不能记录到这些地址信息。最初在不同层级的警务部门中警员对这种数据信息采集的变化颇有微词，但随着对警员们不断地灌输犯罪数据收集的重要性并且不断的重申开展犯罪分析的重大意义，这之后的工作有了显著性的变化。犯罪数据的空间信息准确率保守的估计已经达到了 70 ~ 80%。但是新西兰警察部门仍对空间信息的收集进行质量控制，因为各个部门的输入数据标准不同使部门之间的数据质量有着很大的差别。

1.3 基于地图的警务分析系统建设

MAPS 系统建立 6 年中，一共进行了三次系统升级。这三次升级分别进行了系统功能的提升、改善结构平台和提高系统性能。这几次升级的重点主要集中在平衡客户端的桌面 GIS 系统与薄客户端的 MAPS 应用之间的功能差距。虽然在升级的过程中进行了一定的努力，但是从技术的角度来讲，有些功能仍然是无法完全实现的。

在 2004 年，新西兰警察部门邀请了 Spencer Chainey 与 Jerry Ratcliffe 对 MAPS 应用系统进行了观摩并请他们对该系统未来的发展方向给予专业的指导。这实际上表明了对更好满足犯罪分析人员需求的结构化专业指导的非价值性。这也指出了增加到应用的两个版本上的功能的基础。其中第一个版本很受分析人员的欢迎（图 1.1），而新西兰警察部门在本书写作期间开发了第二个更为复杂的版本。

6 年期间，信息通信部门仍然以服务于高端的分析用户的需求为主，这些用户对 GIS 系统有着更全面的要求。这些分析用户当中，有些曾经使用过桌面 GIS 系统，有的在进入新西兰警察部门工作前曾经在其他领域或海外其他国家

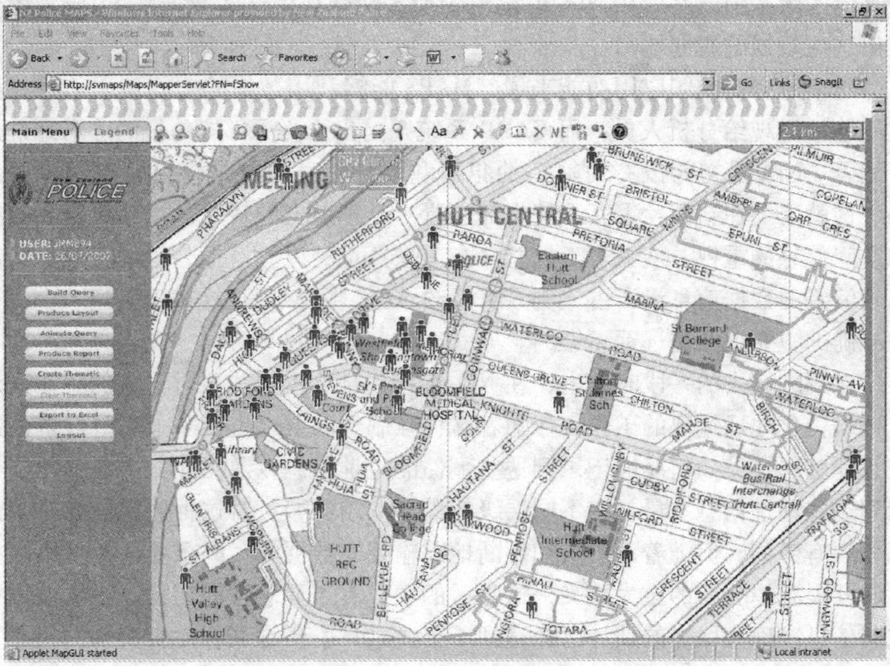

图 1.1　新西兰警察部门的基于地图的治安分析系统界面（MAPS，v4.0）。在 MAPS 中用户可以通过查询来对新西兰任何一个地方的犯罪事件进行选择、展示和浏览。该案例显示的是使用国家情报应用系统数据生成的 2007 年 3 月 Lower Hutt 中心商业区的犯罪分布。图中的人形图标代表的是 NIA 系统中所记录的已识别嫌疑人的诈骗犯罪。

的警察部门使用过桌面 GIS。Spencer Chainey 与 Jerry Ratcliffe 很清楚这一点，他们之前就曾经指出过有必要为一个固定的重要终端用户群建立一套桌面 GIS 系统。而随着技术的发展，新西兰警察部门已经有能力为情报分析人员重新建立一套桌面 GIS 系统。这将最终实现制图数据的中心化，通过薄客户端为 NIA 和 CARD 提供数据接入，为基层警察用户提供 GIS 分析工具和服务。

新西兰警察部门的整个项目发展规划之一就是通过提高数据仓库建设和为业务型警务提供数据接入功能进一步加强数据的管理。数据的质量将继续成为所有新西兰警察部门工作的重中之重，而服务的目的则是使犯罪分析的结果越来越精确，在警务工作中的地位越来越重要，最终实现新西兰警察部门所制定的社区安全一体化目标。

2 应用于巴西里约热内卢的地理参考和犯罪监控的分析技术

Ana Paula Mendes de Miranda, Marcus Ferreira

2.1 引言－里约热内卢的犯罪分析业务发展

里约热内卢的犯罪分析业务最初起源于一次将巴西国内两个警察机构的信息整合到中央数据机构的结构化与管理工作。与许多其他国家不同的是，在巴西，国内的治安管理主要是由两个机构来负责：宪兵负责重大事件的处理，包括执行巡逻任务和其他与执法有关的活动；内务警察负责的是民事犯罪与相关的犯罪调查。建立中央数据机构的主要目的，就是要通过评估、评价和目标定位的方式将科学的研究方法和严谨的学术态度引进到警察工作的机构评估中，并创建一个统一的效能评价体系来支持治安业务的发展与警察职业的管理。

该项目在经过一个由民防和宪兵等多部门技术团队以及专业的多个学科的学术人员参与和努力下，目前已经在 Instituto de Seguranca Pública（简称 ISP）部门初步建立起来（ISP 是一个独立于政府的机构部门，成立于 1999 年，主要负责里约热内卢州的公共安全管理，详情读者请查阅由 Miranda 在 2006 年撰写的文章，或访问 www. isp. rj. gov. br）。在 ISP 工作的人员负责为里约热内卢州政府提供犯罪活动或者其他与公共安全相关事件的月度报告。其中报告的分析数据主要来源于警察部门的运行控制系统，大约 40% 的其他数据则来源于其他警察部门。

犯罪分析工作最初是作为升级犯罪统计与媒体关系项目的一个部分在 1999 年启动。许多公共安全社会部门对该项工作做出了贡献，其中还包括一些研究人员，他们对暴力行为、犯罪和公共安全等问题进行了研究（Governo do Estado do Rio de Janeiro，2000）。这项工作的主要目标就是要实现犯罪数据的传输与接入，达到专业化的统计数据分析，并能够及时把犯罪分布态势的变化向公共安全综合管理区域（AISP－Public Security Integrated Areas）进行汇报。AISP 是一个地理区域的概念，一般包括一个宪兵营的防区以及一个或多个警察局的辖区。里约热内卢州大约分为 40 个 AISP。

目前，在生成的一些统计报告中已经发现了犯罪态势的时空分布模式，以及一些犯罪分布明显偏高的地区。这些报告能够有助于警方更好地规划业务行动和犯罪预防策略。通过将大量的信息收集在一起，利用定量分析的方法进行处理，能够对警方的决策和将有限的资源进行公共安全的应对提供有效的帮助。根据 Beato Filho（2000）的说法，这种犯罪的统计分析在巴西国内还是一种很新鲜的事情，他还指出，在巴西公共安全机构中大多数都还没有设立数据收集与统计的专业部门。此外，由 ISP 于 2004 年所做的一项调查显示，目前巴西国内的 27 个州只有 4 个州（里约热内卢、圣保罗、里奥格兰德、米纳斯吉拉斯）建立了犯罪统计定期更新与通报机制。

里约热内卢州的犯罪分析工作主要使用的是当地警察部门所收集的案件记录信息。这些案件记录信息包括有案件的类型、时间与日期、罪犯的特征、受害人以及案件发生的地点。

在里约热内卢州，我们也经历了其他地方在对犯罪事件进行空间编码过程中所遇到的问题（有些问题甚至是第一次遇到）。这些问题主要集中在很难精确地确定和记录犯罪事件的位置信息，以及记录过程中所产生的错误。这些问题导致了犯罪数据记录缺乏足够的细节来对发生的案件位置进行足够准确的定位。此外，其他的一些问题还包括缺乏街道或地名的输入数据标准和地理参考工作中的拼写匹配错误等。

因此，虽然建立一套犯罪制图与犯罪分析的计算机工具如地理信息系统很容易做到，但是这套系统却因为犯罪数据缺乏空间坐标以及犯罪记录信息质量太差而无法发挥其应有的作用。在巴西，缺乏持续更新的数据和综合性的基础地图层极大地限制了空间犯罪分析的发展。

2.2 以时空为监控单元的分析工作

尽管现有的数据信息质量很差，但我们仍然开发了一个空间分析工具来对区域犯罪分布形态进行特征分析。这个工具虽然对我们现有的犯罪数据质量要求较高，但至少能够使我们对犯罪分布形态的变化进行跟踪分析。这项技术主要内容是对空间地理单元（CEMET - Cells Monitora Espacio - Temporal）进行时空监控并使用一种概率统计方法来对每一个犯罪事件进行空间坐标定位。

通过一个覆盖里约热内卢州的单元尺寸为 300 × 300 米的空间网格化系统，我们提取出每一个犯罪记录中的地址信息，然后对该犯罪事件计算出其对应的空间参考坐标，并将其对应到一个唯一确定的网格单元内。整个过程的最终结果返回的是根据空间区域网格内发生犯罪的概率所计算出的一个分数值。下面的材料对此作了进一步的说明：

• 如果一个犯罪记录包含有完整的地址信息，比如“55 Rua A”，那么该犯罪事件的位置就可以被精确地识别出来，并给该事件所在的网格赋予一个概率值1（如图2.1a）。

• 但是如果一个犯罪记录包含的只是部分地址信息，比如“Rua A”，这样一来该犯罪事件的位置信息就无法精确识别出来。按照传统的空间参考编码分析方法，该事件是无法进行空间编码的。但是CEMET方法却能根据该事件已有的地址信息从概率统计的角度来确定犯罪事件可能发生的位置。“Rua A”是一条很长的街道，它覆盖的网格数量达到了11个。因此，CEMET方法就根据犯罪事件在整个街道分布的概率均一化原理对每个网格都赋予了一个1/11的分数权重。从图2.1b可以看到，整条“Rua A”街道从网格B8延伸到了L8，因此对街道所穿越的每一个网格都赋予了一个1/11的权重值。

• 按照相似的原理，如果一个犯罪事件包含的地址信息只是精确到区一级的话，那么就对该区域内所有的网格都赋予一个相同的犯罪发生概率权重值，权重值的大小为该区域所覆盖的网格数量的倒数。但是如果区域和街道信息都已知，那么两条信息就都可以用来确定犯罪事件的概率统计权重值。比如图2.1c中，犯罪记录里包含有地址信息“Rua A”和区域“1”，其中“Rua A”还有一部分在区域“2”中，那么根据CEMET模型的原理我们就可以确定出该事件在区域“1”内的“Rua A”上的概率密度权重值为1/7。

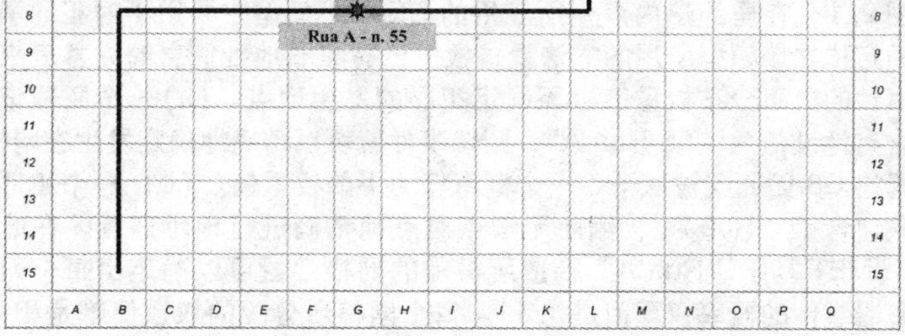

(a)

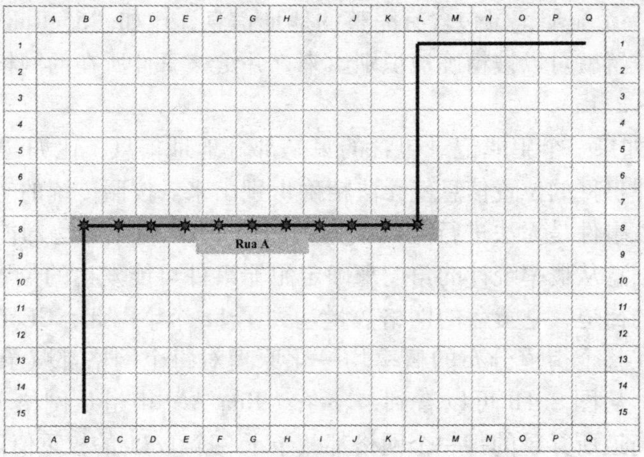

(b)

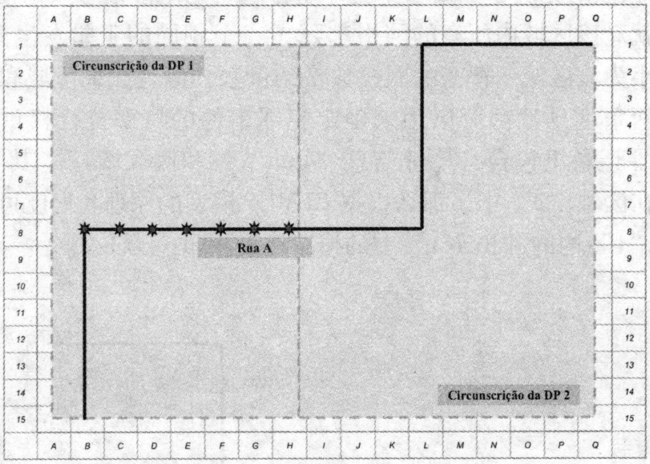

(c)

图 2.1　在里约热内卢州所应用的 CEMET 模型主要用于对犯罪事件进行空间定位。该模型所用的方法就是根据已有犯罪地址信息的完整度来计算犯罪事件的概率分布权重值进而确定犯罪的发生地点。(a) 一个犯罪记录当中包含有地址信息“55 Rua A”，则该事件就可以精确地确定发生在网格 G8 中。网格 G8 因此就被赋予了一个概率值为 1 的权重值。(b) 一个犯罪记录当中只包含了“Rua A”，因此无法点对点地精确进行地址匹配。在此情况下，CEMET 基于“Rua A”街道所覆盖的网格数量可以确定出每个网格内发生犯罪事件的概率权重值是 1/11。每个网格所分配的权重值都是相同的。(c) 一个犯罪记录包含有不完整的地址信息，比如只有街道名，可能还包含一些其他有用的地址信息能够有助于更好地对犯罪事件进行定位。通过将这些地址信息综合起来（街道名与区域名），CEMET 模型就能够计算出更精确的确定犯罪事件位置信息的概率权重值。

将所有的网格内的犯罪位置信息概率权重值进行加和就可以得到整个里约热内卢州的犯罪分布态势地图。

在 CEMET 系统投入使用后，随着犯罪分析的开展，里约热内卢州的犯罪数据得到了充分的应用（在这之前许多犯罪数据由于包含不充分的地址信息或无法准确进行地址定位而被过滤掉了），这样一来我们就可以从相对合理的角度开展犯罪分布的空间分析。此外在 CEMET 系统中还可以根据犯罪类型和其他参数（比如日期）来对犯罪数据进行遴选，这样就可以开展针对性的犯罪空间态势分析。这些工作可以让我们识别出哪里的犯罪比较高（网格包含有比较高的概率权重值）、分析比较里约州的犯罪发展趋势、根据犯罪形态随时间和空间的变化来分析犯罪的动态变化等等。

对高于区域平均犯罪分布水平以上的犯罪形态需要一种参数化的定义。因此我们定义了一个阈值上限作为标准来识别那些概率权重值显著性异常的网格。该上限值的计算方式是这样的：对给定一段时间内的犯罪数据，计算该区域内所有网格概率权重值的算术平均，则用来判断显著性异常区域的阈值上限为该算术平均值加上两倍的标准差。通过应用这一方法，那些网格内的犯罪分布水平较高并且显著性超出了阈值上限就可以一目了然地被确定出来。

现在 CEMET 系统已经可以不仅仅限于数字地图，还可以用于传统的纸质地图，当然前提条件是纸质地图必须具备一些空间坐标参考要素以利于确定犯罪事件发生的位置，比如交通网络、街区、行政边界等等。这样做的好处是在里约州一些偏远的农村地区，即便是没有装备电子地图和其他高技术装备的警察部门也可以用简单的纸质地图来分析当地的犯罪分布态势。虽然现在暂时用里约州的交通地图来进行 ISP CEMET 模型分析稍微艰苦了一点（但这种地图在整个里约州到处都可以买到），但随着模型在实战中的价值不断体现，纸质地图终将会被电子地图所取代。

当前在 ISP 应用的 CEMET 系统将整个里约州划分为 50 万个 300×300 米的网格，这些网格构成了一些重要功能应用的基础。

2.3 基于纸版地图的犯罪分布态势分析

即便没有装备 GIS 软件，CEMET 系统照样可以应用。在图 2.2 中，通过应用 ISP 技术团队开发的一个软件工具我们可以计算出当地的犯罪水平，然后将计算的结果显示在一个以行政区界为背景的一张 EXCEL 表格当中。每一个网格根据其包含的概率权重值进行相应的渲染以显示出犯罪水平较高的区域。

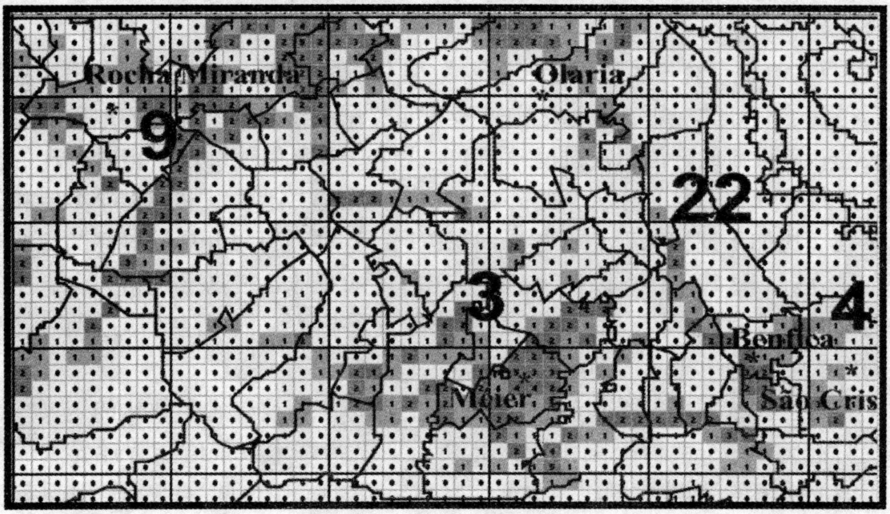

图2.2　CEMET 系统在没有 GIS 软件的条件下也可以进行计算。这张图片显示的是 CEMET 系统的计算结果（在每个网格中用不同的颜色显示），该结果展示在一张 EXCEL 表格中，并且该表格事先导入了一个里约州的区域行政背景地图。在本书的附录中读者可以看到这张图的全彩色版本。

在这个例子中每个 EXCEL 单元格代表一个 300×300 平方米的空间网格区域。这些网格所覆盖的空间区域显示在图 2.3 当中。经分析发现该区域具有较高的抢劫犯罪水平。从地图和遥感影像上可以注意到该区域临近一个大火车站。在一个高抢劫案发生的地区发现这样一个对社会治安具有重要影响的设施最后引起了警方的注意，随后加强了对该区域的巡查力度。此外对该地区的街头贸易活动也加强了管理。在开展相应的治理之后，该地区的抢劫案明显下降。

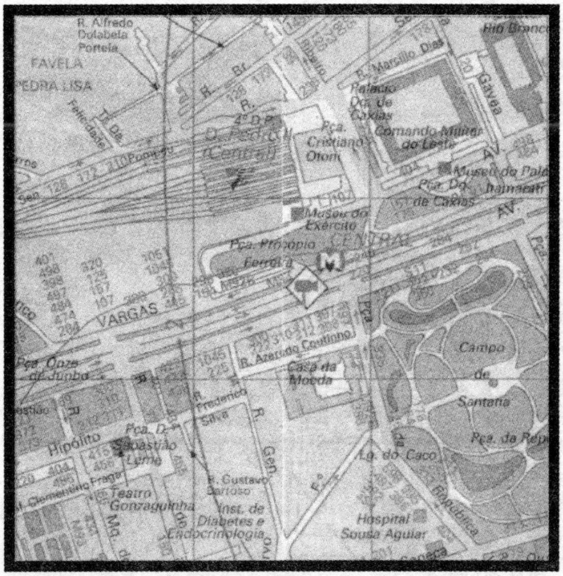

(a)

(b)

图2.3　由CEMET系统所分析发现的具有较高抢劫水平的地区（a）基础地图和（b）区域遥感影像。

2.4　基于 GIS 和数字化地图的犯罪分布态势分析

随着在里约州大规模应用 ArcGIS 软件和数字地图，CEMET 系统在整个里约州得到了大规模推广。区域的遥感影像也随之应用到该系统中以更好地对系统的输出结果进行分析。图 2.4 中所展示的一个案例就是在里约市马拉卡纳球场进行一场足球比赛期间所发生的犯罪活动。反映概率权重值的彩色渐变可以通过基础数字地图和遥感影像上呈现出来（图 2.4b）。通过应用这种分析，警方就可以对事态的发展制定安全应对计划，并对比赛前、比赛间、比赛后的区域治安进行有效性评估。

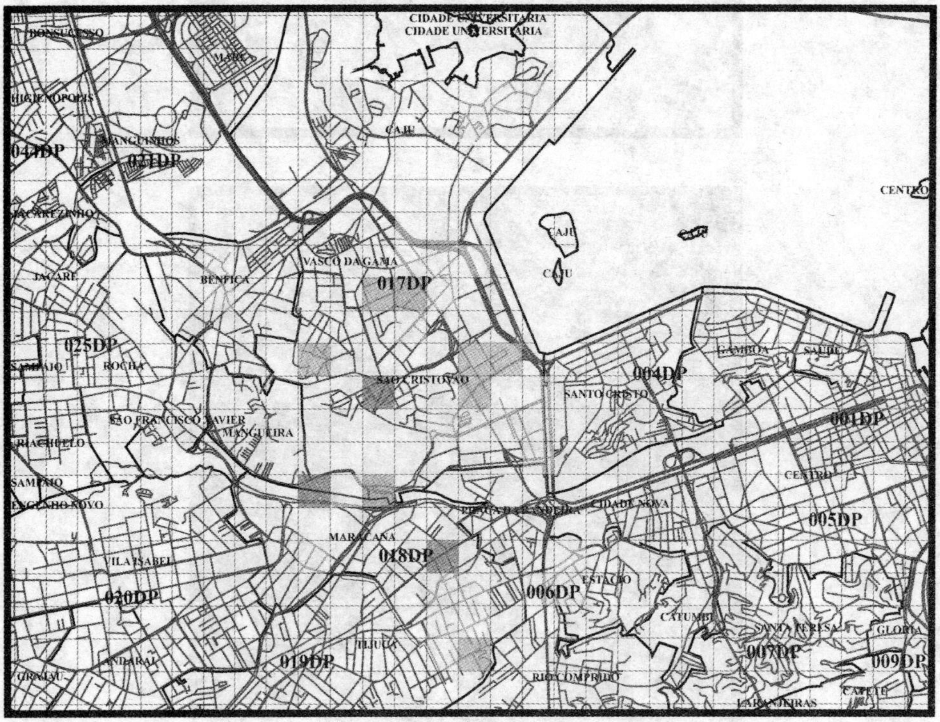

(a)

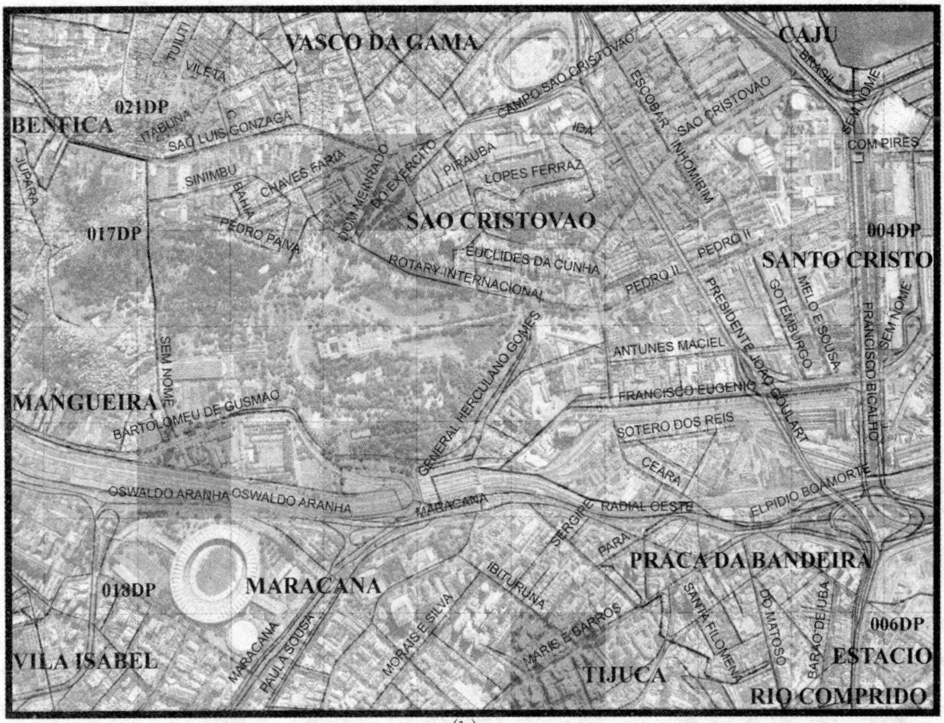

(b)

图2.4 从CEMET系统输出的结果显示了在马拉卡纳球场举行一场重要的足球比赛期间整个里约市的犯罪分布（a）基础地图和（b）遥感影像。彩色渐变反映的是网格内权重值的变化。没有渲染的网格表明没有发生犯罪，颜色越深的地区表明发生的犯罪越严重。读者可以在本书附录看到这张图的全彩色版本。

2.5 里约热内卢公交沿线的犯罪分析

该项分析是利用网格单元来调查哪些公交线路上具有异常偏高的犯罪分布。首先对犯罪数据进行处理，对每个网格赋予一定的概率权重值。随后，对公交线路和网格进行叠加分析，将公交线路所穿越经过的所有的网格内的概率权重值加和作为该条公交线路的权重值，然后生成分析报告。目前这一方法已经应用到公交线路犯罪风险识别与分析当中，并且根据风险的分布来开展针对性的预防措施和警力部署。

2.6 结论

为了克服里约州犯罪活动空间编码的困难，我们开发了CEMET系统来对犯罪活动进行时空分析。我们相信该系统对犯罪分析的支持能够帮助我们更好地了解犯罪分布形态以进一步促进警务工作（更合理的巡逻规划和犯罪调查）和帮助管理者与决策者提高对突发事件的预测和应对。这套系统现在运转良好，为里约州提供了一个很好的基础来进行犯罪分析，并帮助州政府来实施公共政策以及提高警察的专业性。

2.7 参考文献

Beato Filho, C. (2000) Fontes de Dados Policiais em Estudos Criminológicos: Limites e Potenciais. *Segurança Pública no Brasil: uma discussão sobra bases de dados e questões metodológicas*. Rio de Janeiro: UCAM/IPEA.

Governo do Estado do Rio de Janeiro (2000) *Política Pública para a Segurança e Cidadania: plano estadual*. Rio de Janeiro.

Miranda, A. (2006) Informação, análise criminal e sentiment de (in) segurança: considerações para a construção de políticas Públicas. Soares, Andréia (org.) *A análise criminal e o planejamento policial*. Rio de Janeiro: Instituto de Segurança Pública, Vol. 1.

3 在大执法部门应用的犯罪制图系统：以澳大利亚维多利亚警察局为例

Timothy Mashford

3.1 前言

作为澳大利亚维多利亚州的主要执法部门，维多利亚警察局的管辖范围与整个英国国土的面积差不多。整个警察局的在编人员有 13600 人，服务人口超过 500 万，因此维多利亚警察局在规模上算得上是世界最大的警察机构之一。

维多利亚警察局开始应用地理信息系统（GIS）始于 20 世纪 90 年代中期，最初主要是为了满足情报分析。尤其值得注意的是州情报部门在 1994 年就已开始使用 GIS 软件来进行犯罪地点的制图和分析工作了。在 1997 年，随着一些州情报部门人员到国外访问并了解了国外不同的执法部门成功应用了 GIS 的经验以后，他们成立了地理情报部门（GIU - Geographic Intelligence Unit）来对维多利亚警察局的 GIS 分析工作进行进一步地加强。

地里情报部门成立之后承担的第一批项目之一就是开发一个用户工具来简化 GIS 软件 MapInfo（Troy，NY）的使用。通过采用 MapBasic 作为开发工具，并且从邻近地区借鉴了一些案例应用后，GIU 成功地开发出了一套地理分析系统（GAS - Geographic Analysis System），该系统包括了简单的按钮功能来对软件进行操作以及一些基本的空间分析工具。该系统的简单便捷化应用极大地提升了 GIS 在维多利亚警察局内部的应用程度，到 2000 年为止，已经有 7 个全职职员在两个独立的部门内供职于 GIS 分析（情报部门与信息技术部门）。全局一共有超过 200 个 MapInfo 认证，其中主要集中在情报单元部门（DIU - Divisional Intelligence Unit）。但是在接下来的几年内，GIS 应用范围不断被削减，这主要是因为这期间很多部门进行了重组并且缺乏关键的熟悉 GIS 的员工。到 2003 年年底，全局只剩下了一名全职的 GIS 员工。

在 2004 年年中，地里情报部门补充了三名经验丰富的新员工，他们都曾参与过维多利亚警察局的 GIS 开发工作。此时全局已经有超过了 230 个的 MapInfo 软件认证，但是由于缺乏用户培训很少被用到。因此该部门的角色被重新定位于空间分析，并且部门的名称也被重新命名为空间分析部门（GAU - Geospatial Analysis Unit）。此外，在引进地理画像技术并在几个重大刑事案件中取得不错的效果之后，空间分析部门还被上级要求利用该技术来参与重大犯罪的调查。但是，在该部门完全承担起这项任务之前，它首要的任务还是要确保能够实现其本身的 GIS 功能。

这样一来，要在维多利亚州的不同地区应用犯罪制图就需要一个完整的规划。

3.2 阶段性的开发与规划

在维多利亚州推广犯罪制图的主要目的之一就是要在全州警察系统内部达到一种业务的统一性。最后确定的规划是一个阶段性的方法，这么做主要是有助于加强开发和标准的使用以及 GIS 用于支持警务工作的方式。

第一阶段的开发工作是为维多利亚警察局的犯罪制图系统建立一套标准。这套标准主要是用来规定 GIS 如何应用以及确保所有关于 GIS 的业务都能保持统一性。有些标准已经付诸实施，因此只需要进行一下定义即可。而其他的标准则需要进行一定的研究和讨论才能确定下来。此外在与国外同行进行讨论和交流的过程中也获取了一些关于 GIS 标准的文档，这可以确保达到最好的实践效果。

这些定义的标准包括：

- 数据 - 将关键的数据集定义为基础图层。虽然在使用的图层上可以有一定的灵活性，但基础图层能够为全局的工作提供一致性服务。
- 坐标 - 选用了 VICGRID94 坐标系来用于存储数字空间数据，这套坐标系能够覆盖整个维多利亚州（维多利亚州由多个 UTM（墨卡托方位）区域组成来进行空间坐标划分）。
- 时间分析 - 维多利亚警察局数据库（LEAP）记录犯罪事件的起止日期和时间。为了避免这些数据可能带来的时间偏差问题，我们采用了 Aoristic 时间分析方法（Ratcliffe，2000）来进行时间分析。
- 空间编码 - 采用特定的参考文件来对犯罪数据进行空间编码，包括地址名称和地址范围。这会有助于将编码精确度控制在 200 米以内。
- 热点 - 应用核密度估计方法来对散点进行热点识别。
- 符号化 - 定义一系列的符号在地图上表示不同的犯罪类型。这可以保证不同警察部门之间的业务统一性。
- 图层 - 保证打印出的地图包含有关键性的制图要素，包括名称、比例尺、指北箭头、图例和保密等级等。

第二个阶段的开发工作是与 GIS 用户进行沟通讨论，这些用户主要都是情报单元部门的职员。空间分析部门走访了几个重要的情报单元部门来调研 GIS 使用的现状，并收集用户部门的基本需求。这项工作为开发人员提供了一个很好的机会，使他们能够对犯罪制图过程有所了解并能够清楚地知道哪些中间环节容易对犯罪制图的最终效果会产生影响。在几个部门当中人们就发现了大部分的犯罪记录都是靠人工来进行空间编码的，这种工作方式极大降低了工作效率，并且影响了犯罪分析工作的开展。在收集了这些相关信息之后，空间分析部门组织了一个用户小组会议来起草犯罪制图标准文件，同时针对标准可能对 GIS 用户带来的影响进行讨论。

在需求确定之后，空间分析部门开始着手开发一个原始的新版本地理分析系统工具。这个版本被命名为空间分析系统 3.0（GAS 3.0），主要用 MapBasic 语言开发。和定制程序一样，GAS 3.0 包含有一个部署在工作站上的定义路径结构下的数据集（矢量基础图层和栅格影像）。由于维多利亚警察局的行政区域太大，因此不能像其他地区一样采用一种中央空间数据服务器的方式。

GAS 3.0 的功能主要包括：

- 编码 - GAS 3.0 的地理编码程序通过几个进程来运行以达到最好的犯罪地点定位效果。
- 基础地图 - 均为预先设置、带有标签功能和缩放图层的标准基础地图。
- 影像 - 当用户点击地图时，该工具能够确定出正确的影像标题并将其添加到地图窗口中。
- 定位 - 该功能能够使用户采用普通的输入（地址名称、交叉路口、街道的网格参照系）来定位到特定的区域。
- 选择 - 选择工具简化了 SQL 查询功能，包含了一个“关键字”查找器和表格连接器。
- 空间分析 - 集成了包括中心点分析、邻接分析、被盗车辆轨迹恢复和重复性位置查找等功能。
- 设计 - 在不同页面尺寸下预定义了一些设计功能，包括一些普通元素，例如维多利亚警察局的徽标、标题风格和一个标准的否认声明。

除了 GAS 3.0 以外，我们还购买了一个商业软件 HS_Gridder 来进行热点和时间分析。HS_Gridder 使用核密度估计来确定散点数据的聚集位置，并创建一个渲染的平面图层（如图 3.1a）。HS_Gridder 同时还应用 Aoristic 分析技术（Ratcliffe，2000）来创建时间分析图，这样能够很容易的确定犯罪的高峰时间。

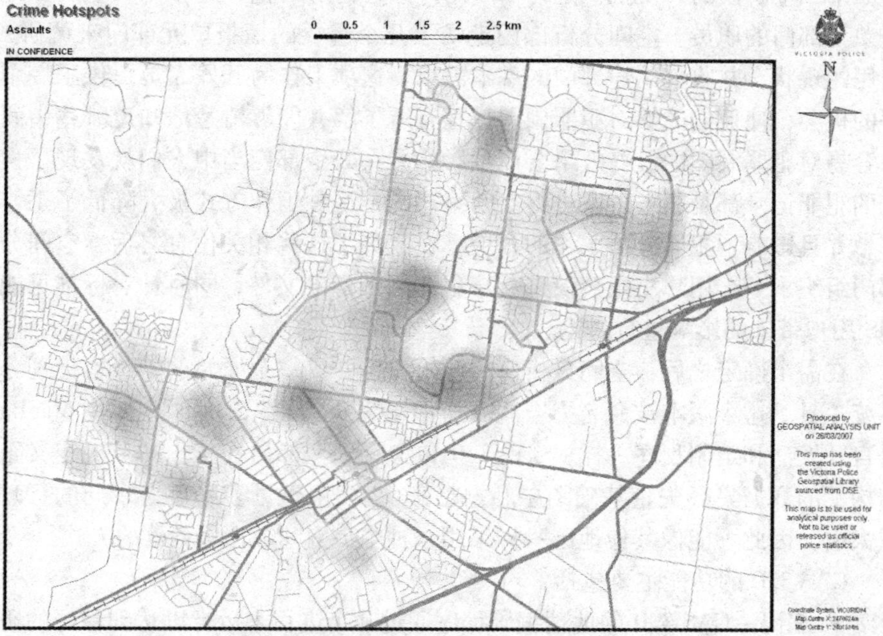

(a)

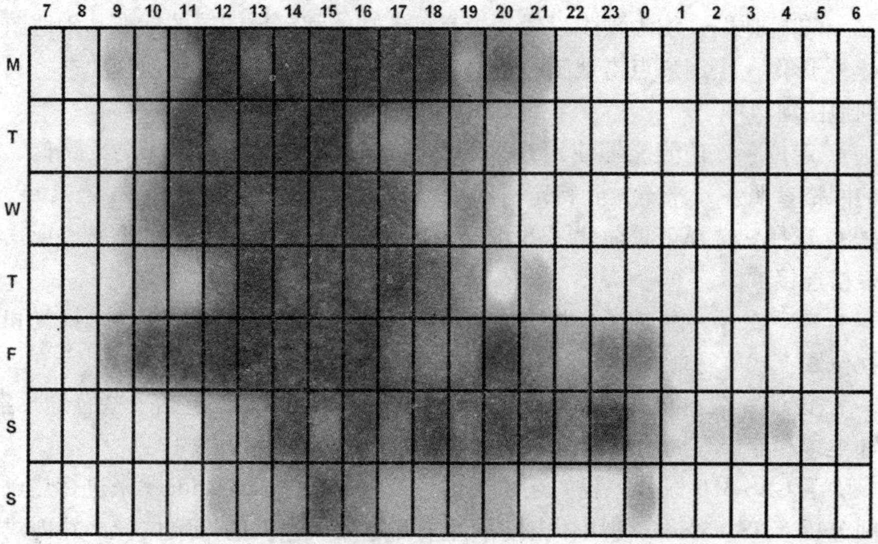

(b)

图 3.1 （a）核密度估计热点图（b）维多利亚警察局利用 HS_Gridder 软件生成的时间变化图。读者可以在本书附录看到这张图的全彩色版本。

在几个部门使用了 GAS 3.0 并收到了积极的评价反馈之后，维多利亚警察局的 IT 服务商将 GAS 3.0 进行了全面的推广部署。在部署过程中需要考虑的一个问题就是如何找到一个最佳方式来进行数据的分发，因为基础地图图层和栅格影像数据需要很大的硬盘存储空间（大于 5GB）。我们采取的解决办法是分发 DVD 光盘，在光盘内植入一个很小的命令文件，该文件能创建路径结构并将数据拷贝到硬盘驱动器上。这个普通的路径结构能够确保数据更新并很容易形成传播直到建立中央数据服务器为止。

在 GAS 3.0 在维多利亚警察系统内推广部署的过程中，空间分析部门也启动了一个警察分析师的培训项目的开发。人们发现，MapInfo，GAS 3.0 和 HS_Gridder 中的一些重要功能能够使情报人员在基础图层上对犯罪数据进行制图和分析。因此，通过与之前曾经接受过犯罪制图培训的分析师进行沟通交流之后最终确定了培训项目的基本形式。早期的培训课程主要是围绕着两个部分：两天的 GIS 基础培训，然后是一个月的实习，最后是两天的高级培训。但是，从该培训班学员得到的反馈则是很多人在实习期间根本没有机会来使用 GIS，这样到了高级培训班学习时他们在第一部分学习的内容已经几乎忘光了。但是虽然这种培训形式有些不太合适，但是从感觉上来讲给 GIS 新手们连续开设四天的培训课程又显得太过密集。

空间分析部门最终决定培训课程为期两天，在这段时间内主要开展基本的犯罪制图和分析的学习与实践。考虑到在两天的培训课程上学员可能要学习大量的新知识，而在培训结束后很多学员回到工作岗位可能还无法马上将他们学到的东西应用到工作中，因此就必须为他们编写一个综合性的培训手册，这样即使他们回到工作部门后能够有资料可供参考。我们从 MapInfo 澳大利亚公司获得了一份标准的培训手册，但是，从之前培训课程上得到的反馈是学员们希望培训的内容能够与他们的工作结合的更紧密一些，最好能够使用一些警察的案例和数据。因此，培训手册的编写小组决定针对性地加入一些维多利亚警察局的数据信息，同时也加入了 GAS 3.0 和 HS_Gridder 的功能。

在培训课程中为了加强技术和基本概念的教学，我们加入了大量的实际案例。在两天的培训课程结束后，每个学员都能够独立完成一个犯罪问题分析的作业。在这些作业中学员们被给定一个具体的犯罪问题，并且要求解决这一问题必须要应用犯罪制图和分析技术。学员除了要生成分析情报产品以外，还要能够详细记录解决问题过程中的每一个步骤。最后空间分析部门职员对每个学员的作业进行检查以评估其培训效果。

第一期培训班于 2005 年年底开班，当时一共有超过 80 名学员参加了培训课程的学习。学员既有警察人员也有民政人员，他们在相关的工作经验和 IT 技术方面水平参差不齐。因此，课程的培训计划需要根据学员的反馈在学习期间进行针对性的布置一些复习环节。一些学习内容如 SQL 查询语句的学习由于占用时间太多以及学员理解的困难不得不从课程内容中删除。

为了从各方面鼓励参加培训的学员，对参与学习的人员不收任何成本，但是来自偏远农村地区的人员不得不自己承担交通和住宿费用。为此空间分析部门还经常性地到农村地区来开设培训课程，这样以便于农村地区的相关部门不会因为地域的原因而落后于其他发达地区。其他地区根据他们的部门职责也适当调整了相应的培训内容。

3.3 目前的进展情况

在 2007 年年初，大约超过 200 名学员接受了犯罪制图的基础培训。目前每个情报单元部门和相应的区域部门都已经开始使用犯罪制图，其中许多部门已经达到了正常工作的水平。现在正用的 MapInfo 认证已经超过了 300 个，并且均已安装了 GAS 3.0 和 HS_Gridder。现在进行的犯罪制图业务类型仍然处在不断的变化中，但是这主要是源于个人的需求而不是能力有限。例如，州犯罪小组的战术情报官员通常只是进行简单的制图和区域影像操作，他们对犯罪制图的需求也仅限于此。但是当前维多利亚警察局正处在情报引导警务的发展过程中，因此一些小的部门例如交通管理部门和犯罪调查部门也都在配备犯罪情报分析师以加强部门的犯罪制图业务。

由于部门的情报工作正不断从犯罪制图工作中获益，因此空间分析部门开发了一个高级培训计划项目并且已经开始着手实施了。该计划主要关注于分析技术方面，包括环境犯罪学的介绍。此外，基础地图数据和 GAS 3.0 的更新仍然通过光盘分发给各部门，但是普通的路径结构仍然能够确保各部门的员工能够完成这些更新而不需要复杂的操作。当前正在进行的一项工作就是论证在互联网上部署中央空间数据服务器的可行性。

犯罪制图应用的不断扩展使其成为了维多利亚警察局的一个基本业务之一，并且对该业务的需求仍在不断增加。当前一个技术工作小组正在论证一个基于 web 的制图方案，如果该方案能够实现的话，所有的警察系统人员通过互联网均能够进行犯罪制图方面的业务应用。

3.4 犯罪制图项目－－一些典型案例

由于各部门现在已经完全适应了犯罪制图基本业务，因此空间分析部门可以更多地关注于情报部门的分析工作。最近完成的几个重要的项目包括：

- 水星 05－2005 年的多部门执法行动（MJEX Multi－Jurisdictional Exercise）有执法机构、澳大利亚国防部和澳大利亚犯罪情报部门的参与。通过空间数据的移动传输进行情报收集，空间分析部门很好地加强了州情报部门的应急能力。现场操作人员通过 PDA 设备传输信息使数据能够及时在主控中心的一个 Web 制图系统中呈现。

- 马尔博纳 2006 联邦运动会 – 为维多利亚警察局有史以来承担的最大的一次安保行动。作为联邦运动会的情报机构之一，空间分析部门负责了事件应急的工作。
- 车辆盗窃预防策略 – 空间分析部门分析了机动车盗窃和盗窃机动车财物的案件数据来分析关键的区域来更好地进行目标策略定位（图3.2）。作为该项目的一个组成部分，空间分析部门提供了区域热点地图并且将其放在了维多利亚预防犯罪网站上用于公众查询。

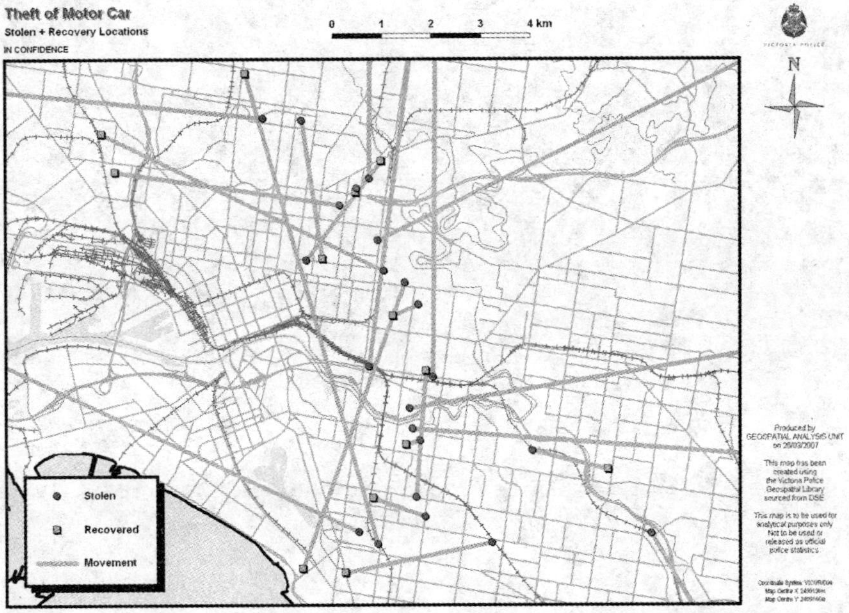

图3.2　机动车盗窃分析，包括了机动车被盗地点和被盗机动车发现地点之间的关系分析。

3.5　结论

尽管在维多利亚警察局开展犯罪制图研究是一个比较费时费力的工作，但从效果上来看毫无疑问是一个非常成功的警务工作探索。在管辖区域如此之大的警察部门开展犯罪制图的协调是一个非常有挑战性的工作。但是，一个合理的规划很好地确保了在整个系统内部业务工作的一致性。目前，建立的犯罪制图系统在维多利亚警察局的情报分析和警务工作中已经成为了一个必不可少的工具。

3.6 参考文献

Ratcliffe, J. H.（2000）Aoristic analysis：the spatial interpretation of unspecific temporal events. *International Journal of Geographical Information Science* 14（7）：669 – 679

4 警务自动简报生成系统

Tom Casady

4.1 前言

犯罪分析人员和犯罪制图人员为警务简报所作的大量工作可以自动转为多个操作过程。将犯罪地图的展示、汇报和其他分析性产品自动地生成和分布可以为用户提供更加实时和具有重要价值的情报信息，从而将犯罪分析人员从重复性的工作中解放出来使其将更多的时间和技术用于更加复杂和繁重的任务中去。

在我们的日常生活中，我们会常常遭遇到计算机数据库自动数据更新而带来的信息过载问题。屏幕上的电子信号会提示我们下一趟往北去的列车什么时候到达，机场航站楼的显示屏会告诉人们哪一趟航班遭遇了晚点，电视机屏幕的下端字幕则会告诉人们实时的体育比赛比分、最新的天气预报和股票市场的实时行情。因此，对于已具有犯罪制图和犯罪分析功能的警察机构来说，将上述这些方法应用在犯罪分析中将是他们未来很重要的工作。

警务信息的自动化更新并不是一个新的事物。在许多警察部门中，信息技术员工就已经部署了数据库报表系统，该系统可以在没有人为干预的情况下进行定制运行和打印输出。这样一来，在遍及全球的很多警察部门中，当领导早晨到达办公室的时候就会看到打印机已经将头一天的事件日志输出出来了。值得说明的一点是，在这些警察部门中人们还编写了一条程序通过查询数据来找到在过去 24 小时内所有的接处警记录。该程序会自动在每天的凌晨 6 点开始运行，然后将输出结果发送到打印机上。这些半自动的打印报表是非常普遍的，而在许多其他的警察部门中可能还有更为复杂的自动化业务。正是由于每次执行的任务都是相似的，因此通过开发系统使该进程实现自动化是非常必要的。

对于犯罪制图和犯罪分析的一些任务来说，这种自动化业务的实现也是有一定的必要性的：很多任务都是由相同的步骤组成，并且需要间隔一定的时间来执行。例如，一名犯罪分析师可能需要制作一张每周的犯罪地图来描述警察部门辖区内的犯罪分布态势的变化：犯罪增长超过10%的区域会标示为红色，下降幅度超过10%的区域则标示为蓝色，其他区域则标示为灰色。这些工作都需要在每周一的上午完成。所以无需规划和思考，这项工作是完全可以自动化的，这样当犯罪分析师每周一上午开始工作时就会发现崭新的犯罪地图已经在打印机上制作完成等待分发。

有相当数量的犯罪制图和分析产品都是定制的报表，因此将这些业务进行自动化有着相当大的潜力。其实只要对这些本质上为重复性查询操作的工作思考片刻就可以知道，我们通常所想要了解的信息其实和去年、上个月、昨天甚至是过去6个小时的需求是完全一样的：入室盗窃犯罪的热点在哪里？第3区的条件假释犯人都居住在哪里？这个月的暴力犯罪和上个月的暴力犯罪相比有哪些变化？所以警察部门的大量分析工作实际上都是针对性的在不同的时期以相同的方法来查询同一个数据库来生成相似的地图、图、表和报告而已。

4.2 林肯市警察部门的犯罪地图自动输出系统

林肯市警察局是位于美国内布拉斯加州林肯市的一个市政警察部门。林肯市的人口约为24万2千人，相应的警察局有317名警员和105名雇员。林肯市警察局通过对警务工作中的大量制图工作进行自动化，从几个方面极大的提高了警务数据库和地理信息系统的工作能力。林肯市警察局的自动化地理简报系统主要是基于“临界阈值”和“报警”概念建立的。当在一个预先定义的区域发生了一定数量（达到或超过临界阈值）的事件以后，相关人员就会收到一封通报该类活动异常的电子邮件（报警），该邮件一般包括一个犯罪地图和一个定制的报表（图4.1）。整个过程无需人工操作。无论是部门领导、决策人员、刑警甚至是街头的巡警都可以更改报警的参数。下面为具体的一些例子。

4.2.1 为警员提示犯罪水平的增加

盗窃机动车财物是林肯市一项非常严重的犯罪事件，并且在时间和空间上都有明显的聚集趋势。每天的凌晨5点，警用GIS系统会自动从警情数据库里为西北分局查询盗窃机动车财物的案件信息。如果在过去7天中有10起这类案件发生在该分局辖区内，相关领导就会收到一封带有两个附件的电子邮件。第一个附件是由部门的GIS软件自动生成的犯罪地图，该地图详细描述了这些案件的地点分布。第二个附件是一份表格式的数据库报表，该报表包含了一些详细的信息：时间、日期、案件发生的地点、出警人员、案件处理状态、案件编号等。该报表由水晶报表系统创建，转换成Adobe pdf格式发送。

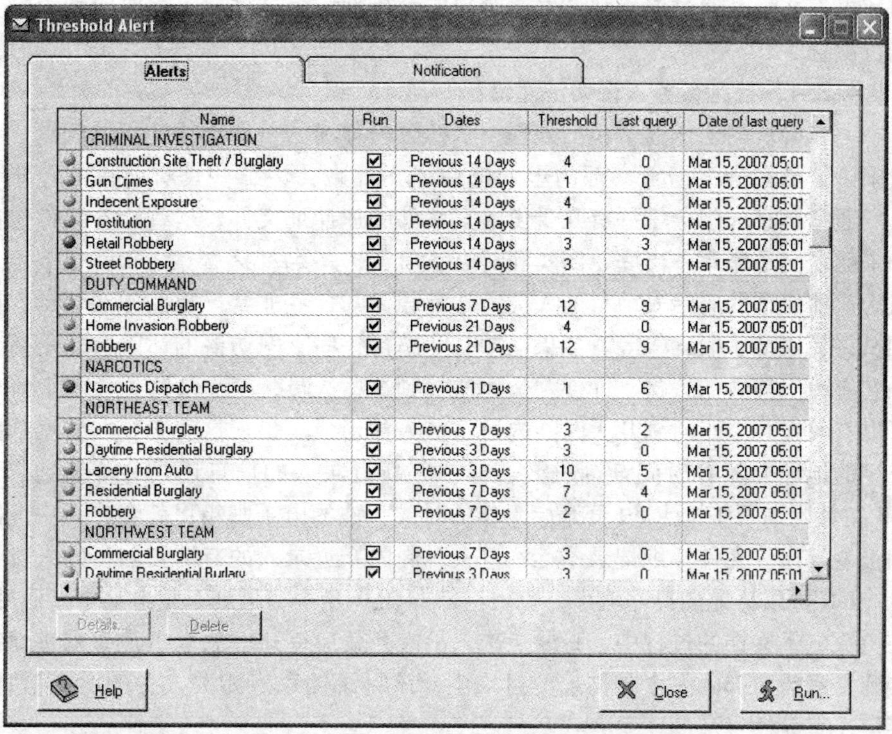

	Name	Run	Dates	Threshold	Last query	Date of last query
	CRIMINAL INVESTIGATION					
	Construction Site Theft / Burglary	☑	Previous 14 Days	4	0	Mar 15, 2007 05:01
	Gun Crimes	☑	Previous 14 Days	1	0	Mar 15, 2007 05:01
	Indecent Exposure	☑	Previous 14 Days	4	0	Mar 15, 2007 05:01
	Prostitution	☑	Previous 14 Days	1	0	Mar 15, 2007 05:01
	Retail Robbery	☑	Previous 14 Days	3	3	Mar 15, 2007 05:01
	Street Robbery	☑	Previous 14 Days	3	0	Mar 15, 2007 05:01
	DUTY COMMAND					
	Commercial Burglary	☑	Previous 7 Days	12	9	Mar 15, 2007 05:01
	Home Invasion Robbery	☑	Previous 21 Days	4	0	Mar 15, 2007 05:01
	Robbery	☑	Previous 21 Days	12	9	Mar 15, 2007 05:01
	NARCOTICS					
	Narcotics Dispatch Records	☑	Previous 1 Days	1	6	Mar 15, 2007 05:01
	NORTHEAST TEAM					
	Commercial Burglary	☑	Previous 7 Days	3	2	Mar 15, 2007 05:01
	Daytime Residential Burglary	☑	Previous 3 Days	3	0	Mar 15, 2007 05:01
	Larceny from Auto	☑	Previous 3 Days	10	5	Mar 15, 2007 05:01
	Residential Burglary	☑	Previous 7 Days	7	4	Mar 15, 2007 05:01
	Robbery	☑	Previous 7 Days	2	0	Mar 15, 2007 05:01
	NORTHWEST TEAM					
	Commercial Burglary	☑	Previous 7 Days	3	0	Mar 15, 2007 05:01
	Daytime Residential Burglary	☑	Previous 3 Days	3	0	Mar 15, 2007 05:01

图 4.1　图中显示的是一份表格式的临界阈值报警，该报警表格系统自动生成，可以为林肯市警察局的员工显示当前的犯罪水平以及哪些区域的犯罪率超过了临界阈值

4.2.2　跟进调查

林肯市警察局的侦缉警长主要负责协调社区入室盗窃的跟进调查工作。一个侦缉警长的工作一般从周日的凌晨6点30分开始，在周日的早晨6点15分，警务GIS系统会将上一周所有接到的社区入室盗窃警情从数据库中查询出来，然后侦缉警长会迅速查看地图来确定明显的犯罪聚集区域，并且从报表中可以获得一些基本的案情信息。案件编号被做成了一种超级链接格式，点击后就会将其发送到整个警察局案件卷宗库中。不同之处在于犯罪地图和报表并不需要打印出来，人们可以随时打开电子邮箱来浏览。

4.2.3　监控性罪犯

根据法律，林肯市会禁止登记在册的高危险性罪犯在距离学校范围500米以内居住。每天早晨的4点钟，警察部门的GIS软件会对数据库内登记在册并且在过去24小时内更换住处的性罪犯进行查询以确定其住处是否在距离学校500米范围以内。如果出现与这些参数相匹配的信息，系统会创建一份犯罪地图和报表并将其通过电子邮件发送给犯罪分析部门。这样就不需要定期由专人进行检查了。

4.2.4 社区警务：密切注意惯犯

一名警员的工作通常包括处理一个社区内存在的一些严重的犯罪问题。一般来讲警员们会根据警察部门里的逮捕证文件来关注那些具有前科的犯罪人员。通常警察部门会掌握有几千份治安案件的逮捕证文件，这些治安案件包括如未能在交通违章中出庭、倒卖和持有大麻等。一名社区警察 Jeff 就很坚定地认为这些所谓的有治安前科的人员通常都会参与一些非常严重的非法活动，比如扒窃、盗窃、贩毒等等。如果能抽时间进行一些上门访谈的话就会偶尔抓住一名有治安前科的人员。即便警员无法找到这些人员，至少从这个过程上来看可以有效在几个小时到几天时间内对这些人员形成震慑。这些人员在警察部门登记的地址会随着时间渐渐失效，但一些新近录入的信息还是有价值的。当 Jeff 在每周二下午 2 点 30 分开始工作的时候，他的电子邮箱里就会有一份地图和报表，这些文件详细记录了社区过去一周内新近录入的有治安前科的人员信息。Jeff 可以将地图打印输出，也可以储存在 U 盘中拷贝到车载电脑中。此外，在浏览电子文档的过程中，只要点击人员姓名就会打开一个 Web 浏览器进而链接到警察局内部的一个前科人员目录中，该目录储存有相关人员的所有信息，甚至还有前任警员的联系方式。

4.3 林肯市警察部门的自动化警务业务开发

这些案例只是林肯市警察局所实施的 47 个自动日/周“临界阈值报警”功能之一，这些自动报警功能覆盖了从嫖娼到持枪犯罪等大部分治安警情。实际上，47 个治安报警功能也是一个变化的指标，因为创建、删除和修改这些“临界阈值报警”都是动态的过程。从本质上讲，凡是对一定时空条件下发生的事件自动报警功能感兴趣的警员均可以与犯罪分析部门合作来一起建立一个更符合其工作目标的临界阈值报警功能。这样在报警功能建立以后就会根据事先设定好的日期自动运行，所以即便是犯罪分析部门下班、放假、午休间歇时段也能够为一线警员提供服务。

林肯市警察局的“临界阈值报警”是由一套购自 Omega Group 公司的 CrimeView 软件来创建的。然而在工作中并不一定非要专业软件来开展自动制图和分析工作。相当多的功能事实上都可以由一些免费软件和共享软件程序来实现。许多包含有宏观记录等工具的电脑应用软件都能够使用户部分或全部地来对那些必须在常规基础上完成的业务进行自动化。软件并不是整个系统最重要的部分，而是逻辑。如果某些业务工作需要经常性执行查询、生成地图、访问站点的话，那么就完全可以进行任务的自动化实现，这样可以使业务工作更快更及时地完成。

虽然犯罪制图业务的自动化过程可以节省很多时间，但是这项工作的价值并不是主要为了节省 GIS 员工的工作精力。这项工作的真正意义在于有效的、快速的和可靠的传播信息。

读者不妨设想这样一种场景：每周一和每周五，一名犯罪分析师都会制作一张关于武装抢劫的犯罪地图，然后撰写一个关于近期这类案件趋势信息的简要描述，最后利用一个桌面排版模板制作一份包含犯罪地图、描述文本和图表的简报，随后打印一份最终文档并将其通过部门邮件系统发给值班主管和各区领导。但是现在无需打印并发送简报，只要通过简单的操作就可以全部或者部分地将整个业务自动化：比如将文档发送至网络打印机，警员就可以将文档发到一个网络站点的固定路径下。所有的桌面排版和文字处理软件均支持 .html 和/或 pdf 格式输出，这些格式都可以用于 Internet/Intranet 访问。随后所有警员从任何一个能够连接到互联网或 URL 的地方均可以获取这些文档信息。此外，人们还可以通过发送链接地址的方式通知所有警员，或者在网站的网页上定期更新地址链接信息。

在之前的例子中，实现自动化的只有犯罪地图的发送，而不是犯罪地图的制作。但是仅此一点就已经消除了由部门邮件系统信息发送过程可能导致的延误。这一过程提供了一种无限人员访问的机制，并且生成的电子简报可以在任何时间修改，并且也避免了为进一步发送而制作第二版影印简报的必要。人们无需回到办公室去看简报，因为这些简报信息会一直保存在邮箱或桌面的文件上。人们只需通过一台能上网的电脑、安装有无线上网卡的笔记本电脑甚至是移动智能手机就可以浏览简报的内容。

4.4 如何在您的部门中开展自动化犯罪制图

犯罪制图的自动化并不是一个可有可无的东西。开始的时候可能成效不大，但是随着时间的推移越来越多的实际效果会显现出来。要开展这项工作，首先就是要在您已有的软件系统中找到能够实施自动化的工具。比如在 ArcGIS 中可以学习一些宏工具、保存和加载查询以及功能强大的建模工具等。此外还可以尝试一些免费软件和共享软件来记录、保存和重播宏。基本上来说，只要是任何通过键盘和鼠标点击操作就能够完成的功能都可以创建为宏或者脚本，这样功能就可以不断地重复实现。检查一下 Windows 中的任务调度程序（控制面板中的定制任务），这是一个很方便的实用程序，可用于建立无人值守的可执行文件。最后需要考虑的就是如何将这些制图产品通过电子邮件、超链接和网络服务自动地发送给所有用户。

获取可操作信息并将其发送给一线执行任务的警员是犯罪分析工作的关键。从某种程度上来说，后方一个犯罪分析师在短时间内粗略制作的一张犯罪地图所能描绘的、当夜值班警员所在区域的酒吧停业时间后发生的 ATM 抢劫事件，要比一周后根据同样的数据所制作的绚丽漂亮的犯罪地图要有意义得多。所以，犯罪制图的自动化可以极大地帮助那些能够即时根据分析结果开展工作的部门和人员。

第二部分

基于地理信息技术的犯罪调查分析

5　空间情报分析：原理、方法与应用

D. Kim Rossmo, Lorie Velarde

5.1　前言

地理画像是一种犯罪学中的侦查方法，主要是利用彼此相关联的一系列犯罪活动地点来确定罪犯最有可能藏匿的区域（Rossmo，2000）。这种方法的主要功能就是抓捕罪犯并进行侦查情报的管理。这种方法最初是用在连环杀人、强奸、恐怖爆炸等犯罪活动的侦查中，现在则逐渐应用在了连环抢劫、入室盗窃、纵火和诈骗等案件侦查中。目前，我们已经开发了专业的工具、培训和计算机软件来使地理画像方法能够应用于侵财类犯罪的侦破中，这种方法我们称之为空间情报分析（GPA – Geographic Profiling Analysis）。本章主要介绍了空间情报分析中主要应用到的相关理论、假设、思想、软件和侦查手段，最后给出了一个具体的案例并对评价结果进行了讨论。

5.2　地理画像的基本原理

地理画像是在20世纪90年代初本文作者在Simon Fraser大学犯罪学学院的研究工作中发展起来的。地理画像的主要理论基础是环境犯罪学，尤其是犯罪形态理论、日常活动理论、随机选择理论（Brantingham，Brantingham，1981，1984，1993；Cornish，Clarke，1986；Clarke，Felson，1993；Felson，2002，2006）。犯罪活动在空间的分布并不是随机的，而是会受到物理环境中空间要素与交通路网的影响。这些客观存在的关系为确定罪犯藏匿的地点提供了一种可行性的手段和方法。

在罪犯的藏身之处和罪犯实施犯罪的地点之间存在着很强的关联性。对于一个犯罪活动来说，一定存在着一种关系，即罪犯和受害人在某个具体的时间点和地点上出现了交集。因此犯罪活动就是罪犯、受害人/目标和物理环境（时间和地点）之间综合作用的结果。生活中的每个人，包括罪犯在内，都有他们常规的日常活动规律，比如工作、购物、探亲访友等。这些地点以及地点之间的活动路线构成了一个人的活动空间，或者叫认知空间。在这些区域上，当他们的活动空间与适当的目标出现交集时罪犯就有很大的可能来实施犯罪活动。由于每个罪犯都或多或少地存在一些理性，他们在犯罪前会针对犯罪的目标来考虑犯罪的收获、风险、为此要付出的努力 - 包括出行的距离（Rengert，Wasilchick，2000）。

最终，对犯罪活动地点影响最大的是罪犯在非犯罪状态下的活动状态（Bennett，Wright，1984）。事实证明大部分犯罪活动发生的地点距离罪犯的藏身之处不超过两英里（Rossmo，2000）。换句话说，像这种掠夺性犯罪的罪犯出于保险的考虑都不太可能在离他们藏身之处很近的地方作案。这种行为方式最后被简写为一种数学表达式并在罪犯空间定位（CGT - Criminal Geographic Targeting）计算机算法中进行了程序实现，现在这一算法已经应用在了地理画像理论中（Rossmo，2000）。CGT 模型生成的是概率密度分布，这些分布反映了罪犯最有可能藏匿的地点。这些结果最终在地图上用不同颜色标示出来用于案件的侦破。

5.3 地理画像的实现方法

地理画像本身不能破案（破案的只有证人和证词），它的作用是以更有效的手段来侦查获取人证和物证。地理画像可以被认为是现有的几个侦查手段之一，并且只有与其他侦查方法相结合时才能发挥出最大的作用。

5.3.1 基本假设

地理画像的基础是一些基本假设，如果违反这些基本假设就会对分析结果的精度产生影响。

- 连环犯罪的关联分析必须是准确的、合理的、完整的（这些连环犯罪活动均由一名罪犯所为，并且在这些连环犯罪中不具有关联关系的犯罪数量所占比例很小）。
- 罪犯必须是居住在当地的人，不能是外来人（即罪犯不能是从外地来到本地作案）。
- 如果罪犯不止一个人，他们一定是住在一起或住在同一个区域。
- 在实施连环犯罪期间，罪犯的藏身之处不能是变化的。

虽然了解上述假设及其重要性十分重要，但在不符合这些假设的条件下人们也可以通过应用一些补充性的技术方法来应用地理画像技术（Velarde，2005）。

最终生成的概率分布会有两个高密度区域，这表明罪犯可能会有两个藏身之处。这时人们可以结合土地利用和区域特征等信息来对结果进行分析解读。这里的罪犯的藏身之处可以是工作地点、毒品交易地点、过去的藏身之处和同伙的藏身之处等。

5.3.2 Rigel 分析

Rigel 是在环境犯罪研究所（ECRI - Environmental Criminology Research Inc.）

开发的 Rigel 分析系统基础上开发的一个地理画像软件（www. ecricanada. com）。该软件通过应用授权的 CGT 算法、地理信息系统技术、数据库管理和强大的可视化工具集成了一个分析引擎。软件的输入是连环犯罪的地点，并且输入的方式多样化，可以是街道的地址、经纬度等。这反映了警务工作中的一个现实情况，因为犯罪活动在任何地方都有发生的可能性 - 房屋、停车场、小巷、公园、山谷等等。经纬度信息可以从一个能够读取用户当前位置的手持全球卫星定位系统装置中获取。

在这之后，基于一定的理论和方法原理创建加权犯罪地点并对其进行检验。软件会生成一个能够反映罪犯最有可能藏匿地点的概率分布彩色地图。根据地图上的位置对嫌疑人的地址进行评估（表示为一个 Z 分数直方图上的分数百分比），以确定重点嫌疑人、在案的性犯罪嫌疑人和其他重要信息。输出结果可以通过 Google Earth 来帮助用户展示重点区域内的土地利用性和空间要素结构。

5.3.3 侦查策略

地址信息是大多数警情记录系统都拥有的一个重要属性变量，并且空间地图可以作为侦查部门的多个侦查战术的基础（Rossmo，1996）。虽然具体到案件来说只有对案情十分熟悉的侦查员才能确定出具体最好的侦查方法，但我们仍然能够从过去的工作中总结出一些成功的侦查策略：

• 确定重点嫌疑人：对于已经知道了确切藏身之处的嫌疑人可以直接利用相应的侦查手段。在许多连环犯罪案件中侦查的难点在于要排除的嫌疑人实在太多，因此开展地理画像可以有效缩减排查范围，尽快确定嫌疑人目标。

• 为巡逻和监控提供引导：在生成的概率地图上密度比较大的区域可以直接用来引导警务部门开展针对性的巡逻和监控工作。这对于在特定时段作案的罪犯来说是非常有效的一项措施。

• 社区调查：可以利用生成的画像地图开展社区调查、信息发布、社区合作、媒体互动和区域搜索等工作。警察部门在特定的重点区域内通过走访或调查获取嫌疑人的信息。

• 警情记录系统：地理画像地图结合地址信息来检索警情记录系统（例如，计算机辅助调度系统、警情记录管理系统、自动化监狱预定系统、性罪犯备案系统等）。检索的信息可以是罪犯相貌描述、作案手段、行为简介等类似关键词。

• 其他数据源：目前大部分数据库都是空间数据库，所以位于重点区域内的假释和缓刑管理办公室、精神健康诊所、学校和其他相关机构都能够提供一些重要的有价值信息。一些商业公司还能够为执法机关提供检索个人信息库的支持。

• 机动车信息检索（Department of Motor Vehicle）部门：如果有嫌疑人的机动车信息，那么画像地图还可以用于检索从州或省一级的机动车信息检索部门来查找登记的机动车和司机驾驶资料信息。有时候多种关键词检索（车型、制造商、颜色和车主地址）会有助于缩小排查范围。

5.4 对“批量化”犯罪活动的地理画像技术应用：欧文市的盗窃犯罪分析

位于美国加利福尼亚州欧文市的奥兰治县，在几年间曾经连续发生了多起中高级社区的入室盗窃案件。从案情来看案件明显为一名罪犯所为，但是欧文市警察局（IPD Irvine Police Department）采取了多项措施仍无法将其有效拘捕，并且新的案情还在不断出现。最后欧文市警察局的特种侦查部门（SIU – Special Investigations Unit）决定采用一种情报引导警务方法，将犯罪地理画像（当时在警察部门内部还是一种新的技术）与犯罪预测和指挥监控进行结合。

这起连环入室盗窃犯罪的案情非常复杂，在过去的两年内一共发生了42起（图5.1）。罪犯在案件中表现出来的行为方式也是一致的。罪犯只选择单亲家庭下手，尤其喜好毗邻绿化带或公园的房子，因为这样他可以身处公共区域来对房子进行窥视。在选好作案目标之后他会首先考虑好逃跑路线，通常都是后门。如果后院围墙太高罪犯会在墙边放一把椅子以方便逃跑。罪犯偷盗的物品一般为现金或珠宝等容易装入罪犯衣兜或口袋带走的东西。在好几个犯罪现场发现了手套的商标。从种种痕迹表明这个罪犯是一个专业性很强的盗窃犯。

犯罪现场侦查员（CSI – Crime Scene Investigators）曾经在21个现场随机抽取痕迹来进行DNA追踪。抽取的样本被送到奥兰治县的谢里夫犯罪实验室（OCSD – Orange County Sheriff's Department）来进行处理。虽然在抽取的样本中包含了很多受害人的DNA信息，但人们希望能够在两到三个犯罪现场通过发现异常的DNA信息来发现罪犯的痕迹。在2005年的8月，谢里夫犯罪实验室从21个样本中提取出了5个DNA信息，其中有4个确认为男性，最后确认有3个为同一人。

警方没有尝试在罪犯实施下一次犯罪活动的过程中对其进行定位（该过程可能会只需要几分钟），最后他们决定在罪犯确定下一个犯罪目标的时候对他进行抓捕（该过程持续的时间会多一些）。犯罪预测表明罪犯最有可能实施下一次犯罪的时间在周五、周六和周日的17点和22点之间。由于犯罪活动的范围达到了17平方英里，因此警方必须将有限的监控资源部署到最佳地点，这样使用地理画像技术就显得非常有必要了。

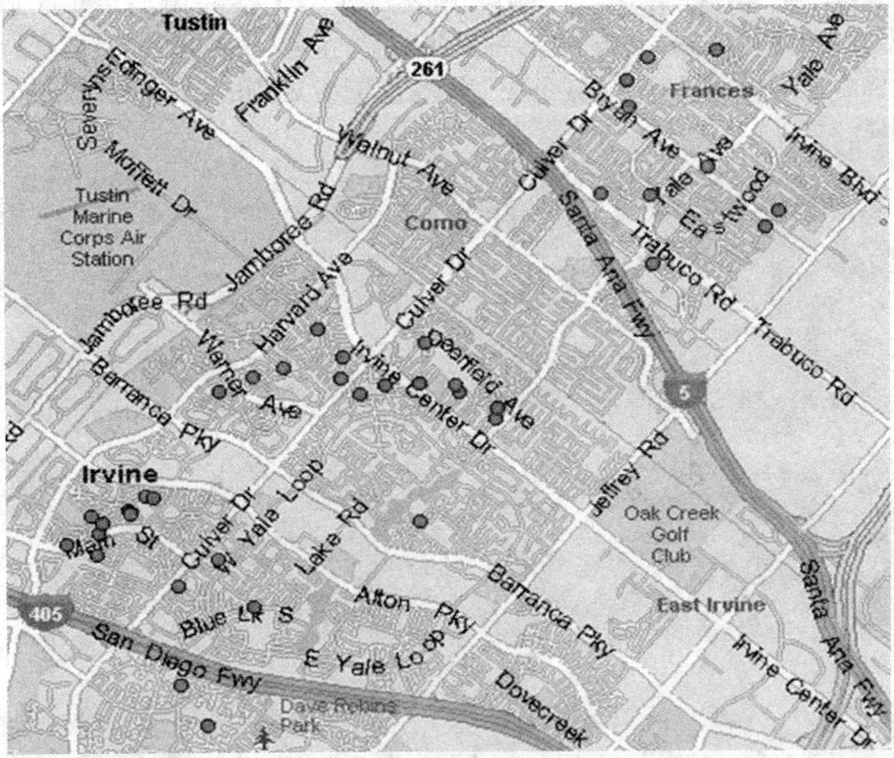

图 5.1 欧文市的入室盗窃案件：犯罪地点分布情况。

地理画像技术最后确认的犯罪嫌疑人重点区域面积为 0.25 平方英里。由于大部分罪犯外出犯罪的出发地为他们的藏身之处，但对于某些所谓的外来犯罪者来说，他们的藏身之处可能是一个完全不同的地方。欧文市是一个相对比较富裕的地方，那里的大部分职业罪犯都是从外面来的。在犯罪重点区域进行的社区调查也支持这一论点。最后画像地图识别出了一个区域，在那里是罪犯到达欧文市的第一站，之后罪犯开始搜索犯罪目标。

在 2005 年 9 月，欧文市监控部门开始在画像地图的重点区域和预测的日期和时间内开始布控。监控的主要目标是识别经过车辆的车牌号。根据这些车牌号和加州机动车管理部门就可以知道哪些人是来自外地，并且再进一步结合交通违章记录可以开展下一步的侦查。但是警方坚守了五周没有发现有价值的线索。

在五周后的一天晚上，在监控的重点区域内一辆汽车开进了社区，随后又开了出来（图 5.2）。该车的车牌号被拍了下来，随后的机动车管理部门记录检查发现这是一辆租来的汽车。警方随后确认司机为 Raymond Lopez，他是一名住在洛杉矶县的刑满释放人员。根据租车公司记录，Lopez 在过去 20 年里每周都会租车。随后 Lopez 成为了监控的重点目标。在接下来的几周他被发现在欧文和奥兰治县的多个社区内窥视他人房屋。随后警方利用 GPS 对 Lopez 进行了追踪。

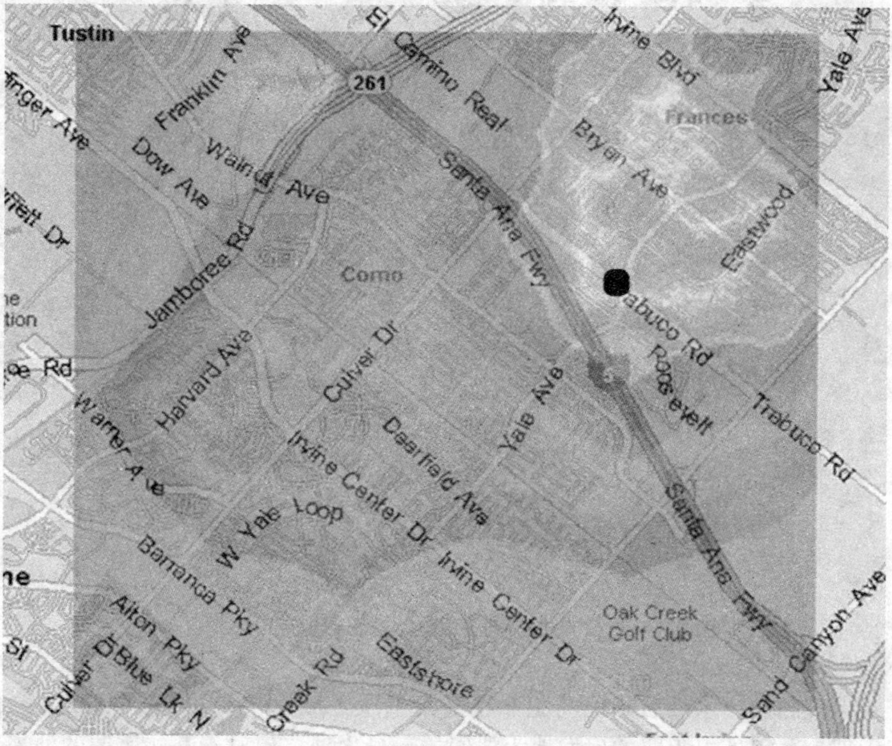

图 5.2　欧文市的连环入室盗窃案：地理画像地图和罪犯的识别地点（图中大圆点）。读者可以在本书附录中看到这张图片的全彩色版本。

犯罪现场侦查人员抽取了 Lopez 租车时留下的方向盘痕迹并将样本送检分析。在 2005 年的 10 月底，实验室检测发现他的 DNA 样本与之前现场抽取的 DNA 是匹配的。随后侦查员申请了搜查和逮捕令。在 2005 年 11 月 2 日晚，欧文市警方逮捕了 Lopez，并发现了他家中窝藏的赃物。

警方根据搜查令在 Lopez 家中起获了手枪、现金和其他赃物，包括将盗取的首饰融化后铸成的金砖。随后警方依法对可能为 Lopez 销赃的一家典当行与珠宝店进行了搜查，发现了价值 50 万美元的稀有钱币和珠宝首饰。典当行老板说 Lopez 的亲戚在过去 20 年里经常来典当财物。

Lopez 被指控对发生于 2003 年 1 月至 2005 年 9 月的 139 起入室盗窃案负

责，案值总共超过了 250 万美元。其他执法机构根据他们掌握的信息也指控 Lopez 对其他地区的入室盗窃案负责。Lopez 一共被指控 14 项重罪，包括入室行窃、占有盗窃财物、非法持有枪支。在 2006 年他被指控的 14 项罪名成立并被判处 13 年监禁。

5.5 欧文市地理画像分析效果评估

欧文市警方目前已经从破获的重大入室行窃案件中赢得了三项嘉奖，其中就包括著名的国际警察局长协会（IACP International Association of Chief of Police）/刑事犯罪侦查卓越奖。虽然欧文市警方并不是第一个应用犯罪地理画像分析技术的警察局，但却是应用的最主动的一个之一。在应用犯罪地理画像分析技术之后的 19 个月里，欧文市警方犯罪分析部门完成了 27 个地理画像分析，其中大部分为连环抢劫案。到 2006 年年中时，一共破获了 11 起案件，占总量的 41%。

地理画像的精确度是根据一个名为百分比得分的搜索成本计量指标来评估的。得分百分比的计算是这样的：用画像图确定出来的搜索罪犯重点区域面积除以整个连环犯罪覆盖的面积。欧文市警方破获的 11 个案件中平均犯罪次数为 22 次，百分比得分的中间值和平均值分别为 2.5% 和 5.2%。通过对比，对于一个空间平均搜索策略来说，其中间值和平均值分别为 4.7% 和 10.4%。如果将两个方法的相对搜索效率进行直接对比，依照空间平均搜索策略的话，Rigel 分析软件要确定罪犯的藏身之处需要搜索 32% 的空间面积。此外，在分析方法中统一性也很重要。Rigel 分析软件的百分比得分的标准差（0.08%）要显著的低于空间平均搜索（0.12%）。

在一个给定的运行环境下，地理画像技术能够比较好地识别出疑难案件中的罪犯藏匿地点。Rigel 软件在定位罪犯方面比空间平均策略更有效一些，分析结果也和其他案例中的画像分析结果一样具有较高的精度。地理画像分析目前已经被广泛地应用于抢劫、入室盗窃、机动车盗窃、信用卡偷窃等案件的侦破中。

5.6 参考文献

Bennett, T. and Wright, R. T. (1984) *Burglars on Burglary: Prevention and the Offender*. Aldershot, Hants: Gower.

Brantingham, P. J. and Brantingham, P. J. (1984) *Patterns in Crime*. New York: Macmillan.

Brantingham, P. J. and Brantingham, P. J. (1981) Notes on the geometry of crime. *In Environmental Criminology*, Brantingham, P. J. and Brantingham, P. J.

(Eds), pp. 27 – 54. Beverly Hills: Sage.

Brantingham, P. J. and Brantingham, P. J. (1993) Environment, routine and situations: towards a pattern theory of crime. In *Routine Activity and Rational Choice*, Clarke, R, V. and Felson, M. (Eds), pp. 259 – 294. New Brunswick, NJ: Tranaction.

Clarke, R. V. and Felson, M. (Eds) (1993) *Routine Activity and Rational Choice*. New Brunswick, NJ: Transaction.

Cornish, D. B. and Clarke, R. V. (Eds) (1986) *The Reasoning Criminal: Rational Choice Perspectives on Offending*. New York: Springer – Verlag.

Felson, M. (2002) *Crime and Everyday life*, 3rd edn. Thousand Oaks, CA: Sage.

Felson, M. (2006) *Crime and Nature*. Thousand Oaks, CA: Sage.

Rengert, G. F. and Wasilchick, J. (2000) *Suburban Burglary: a Tale of Two Subrubs*, 2en edn. Springfield, IL: Charles C. Thomas.

Rossmo, D. K. (1993) Multivariate spatial profiles as a tool in crime investigation. In *Workshop on crime analysis through Computer Mapping; Proceedings*, Block C. R. and Dabdoub, M. (Eds), pp. 89 – 126. Chicago, IL: Criminal Justice Information Authority.

Rossmo, D. K. (1995). Place, space, and police investigations: Hunting serial violent criminals. In *Crime and Place: Crime Prevention Studies*, Vlo. 4 Eck, J. E. and Weisburd, D. L. (Eds), pp. 217 – 235. Monsey, NY: Criminal Justice Press.

Rossmo, D. K. (2000). *Geographic Profiling*. Boca Raton, FL: CRC Press.

Rossmo, D. K. (2005). Geographic heuristics or shortcuts to failure? Response to Snook et al. *Applied Cognitive Psychology* 19: 651 – 654.

Rossmo, D. K. (2006) Geographic profiling in cold case investigations. In *Cold Case Homicides: Practical Investigative Techniques*, Walton, R. (Ed.), pp. 537 – 560. Boca Raton, IL: CRC Press.

Rossmo, D. K. (in press) Geographic profiling evaluation methodology. *Police Practice and Research: An International Journal*.

Velarde, L. (2005) Accuracy and value of geographic profiling in an operational context. Paper presented at the *Crime Mapping Research Conference*, Savannah, GA, September.

Velarde, L. and Cooper, J. (2006) *Geographic Profiling Analysis: Implementation Assessment and Review*. Unpublished manuscript, Irvine Police Department: Irvine, CA.

6 警务工作中开展地理画像分析面临的主要问题：以英格兰巴斯的连环性侵犯罪活动为例

Clare Daniell

6.1 前言

犯罪地理画像是一项犯罪侦查技术手段，主要用于连环犯罪案件的侦破（Rossmo，2000）。利用该工具，分析人员可以分析确定出罪犯最有可能生活或工作的区域。目前人们已经开发了多个系统工具来开展这方面的工作（Rigel，Dragnet，CrimeStat）。目前在英国使用的是 Rigel 系统。该系统使用的是一种集成在地里画像分析系统内的罪犯空间定位模型（CGT Criminal geographic targeting）。分析人员可以根据发生的连环犯罪地点生成的概率分布图来为侦查人员提供罪犯在开始犯罪时最有可能的藏身之处（Rossmo，2000）。犯罪地理画像思想来源于环境犯罪学理论和研究，数学算法则进一步确保其应用的客观性。Rigel 并不是在地图上标记那么简单，而是要为侦查人员提供最优化的搜索策略，通过最终的画像地图所给出的重点区域来反映出罪犯可能频繁活动的地区。

本案例详细介绍了一些地理画像分析人员在实际工作中开展地理画像分析时所面临的主要问题。在本章中主要讨论了与连锁效应和精确现场识别有关的一些问题，此外，通过以英格兰巴斯市的一个连环人身伤害案件为例介绍了地理画像在外来罪犯在本地连环作案侦查中的应用。犯罪数据的时空分析结合地理画像分析完全能够支撑侦查员们认为罪犯犯罪行为是一种狩猎行为的推论。本案例就充分表明了统计地理画像技术应当与其他的定性分析和技术相结合才能更有效地辅助侦查破案。长期以来，研究人员一直持一种误解，认为地理画像技术是一个不需要开展定性分析工作就能够预测罪犯活动空间的工具，并且一直以这种标准来对其进行评估。但事实上，对地理画像结果的定性分析是十分必要的，因为只有这样才能使结果更实用化。这些定性的分析一般都需要考虑一些影响因素，包括每个犯罪地点周边的人口统计、交通网络、犯罪事件发生的时间和日期、案发前后受害者与罪犯的运动轨迹，而且还需要经常性地运用一些环境犯罪学的基本原理（Zipf，1950；Cohen，Felson 1979；Brantingham，Brantingham，1981；Cornish，Clarke，1986）。

地理画像分析的结果可以有效地用于犯罪嫌疑人数据库的排查和引导一些诸如监控和社区走访等侦查策略的开展。

6.2 对英格兰巴斯的连环性侵案件进行地理画像分析

在2005年，艾文与萨默塞特警察局向国家警务卓越中心（现在为国家警务提高机构 NPIA－National Policing Improvement Agency）犯罪业务支持部门就巴斯市发生的多起性侵案件发出求助。考虑到7个案件的相似性，人们判断该连环案件为一名罪犯所为。所有的案件均发生在夜里的10点至凌晨3点30分之间，大多数集中在周五和周六，也就是年轻女性从社交场所返家途中。虽然司法科学服务部（FSS－Forensic Science Service）竭尽所能从现场获取犯罪人的痕迹，但在当时未能获取任何能够表明罪犯身份的有关信息。这些案件由于在时空上相邻的比较紧密曾经引起过人们的注意。总的来讲，罪犯穿着一件巴拉客拉瓦风格的衣服，主要以身穿裙子的女性为目标。罪犯的作案手段是抓受害者的阴部，但如果受害者强烈反抗罪犯一般会迅速逃走。

6.2.1 地理画像与辅助分析

根据这7个连环性侵案件人们建立了一个地理画像地图并将其提交给了查询分析部门。罪犯空间定位分析生成了一个嫌疑人的重点区域，结果表明巴斯市中心的一个0.14平方公里的区域很有可能是罪犯的作案区域。这块区域的面积占整个连环案件相关覆盖区域面积的6%。罪犯空间定位分析结果与相关的犯罪影响因素和连环案件的环境特征一起向侦查部门做了汇报（从业务上讲，在英国，当警察部门完成犯罪地理画像地图之后这些工作都属于规定的工作机制，与有些学者所认为的完全不同。相关资料请参阅 Van der Kamp，Van Koppen（2007））。这些分析包括了受害人的活动路线检查，这会有助于发现地理画像重点区域的相关性，因为最后发现所有的受害人的活动轨迹都经过了分析得到的嫌疑人重点区域（见图6.1）。

虽然这些案件大部分都发生在居民区，但是受害人的活动轨迹起点都集中在嫌疑人重点活动区域附近的娱乐场所。而且尽管当时受害人都没能意识到她们被跟踪了，但据推测罪犯很可能在开始袭击受害者之前就已经刻意保持一定的距离来跟踪受害人。据信罪犯可能是在重点区域附近发现受害人的，而受害人也感觉到了危险的存在而直接取熟悉的路线返家。罪犯随后在离开市中心一定的距离上开始袭击受害人，因为那里没有太多的行人和CCTV。最后在作案之

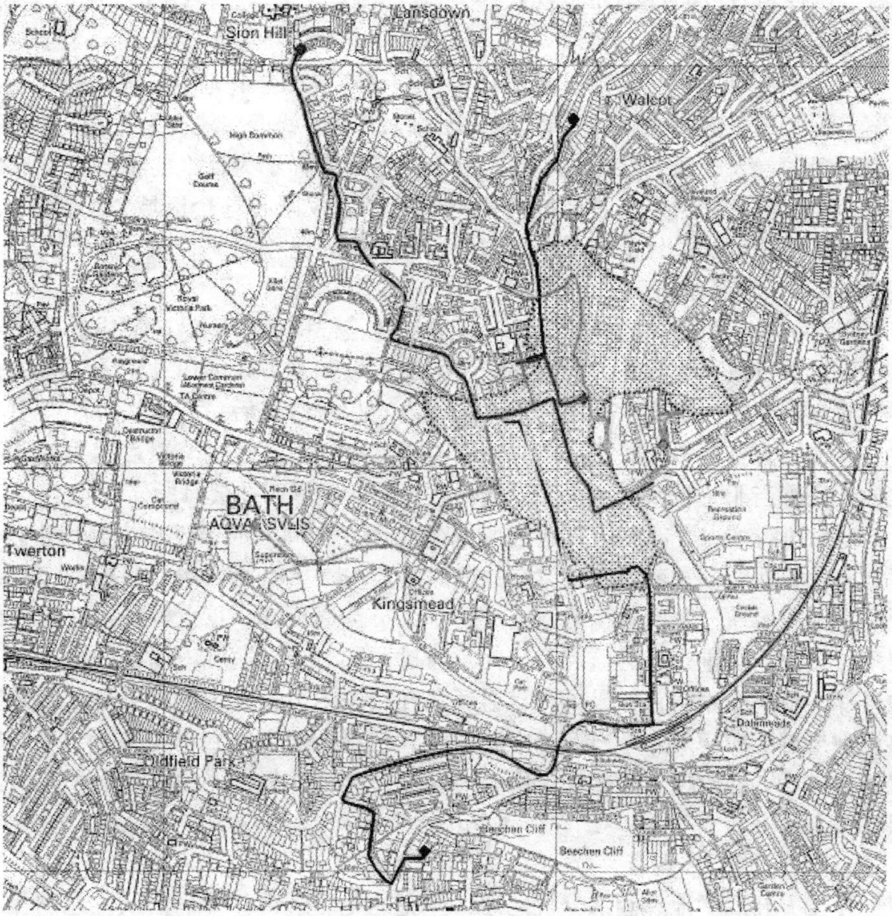

图6.1　该图显示的是连环性侵案中7个受害者的行走路线与地理画像得到的重点区域（图中心的阴影区域）。图中结果显示在她们受到罪犯性侵的当夜的某个时间都经过了图中的阴影区域。在本书的附录中读者可以看到本图的全彩色版

后迅速逃回到市中心地区。

巴斯相对于周边的乡村和城镇而言是一个重要的旅游和商业中心，每天外地游客众多，再加上当地为数不少的大学生，这都构成了一个庞大的受害人群体，同样也使得在偌大一个城市中罪犯的行为很难识别。罪犯很有可能就生活在画像地图所给出的重点区域中，因为那里的确有着大量的可供流动人口居住的地方，包括一个旅馆和YMCA（基督教青年会，Young Men's Christian Association），而且就在重点区域的北面还有一个社会人员居住区域。但是，给出的重点区域又反映出娱乐场所大多集中在市中心，包括酒吧、餐馆、商店、俱乐

部等。因此很有可能这个罪犯从别处来到这个区域，要么在这个区域内工作，要么在这个区域内活动。

由 Davies 和 Dale（1995）所开展的一项研究表明强奸犯更愿意到别的地方作案，因为那里容易找到的受害目标更多，而不是就近在藏身之处附近作案。这名罪犯的行为以及重点区域内的人口特点正好解释了为什么要将侦查重点集中在这个区域上，但是在具体的搜索范围上不能仅限于这个区域，还要扩大，因为不排除这名罪犯只是将市中心作为一个踩点的地方。

6.2.2 侦查策略

根据画像地图得到的嫌疑人重点区域，情报部门提出应对区域内的居民和打工人员进行甄别。此外，根据案件发生的次数和受害人的运动轨迹，警方也将一些主动性的侦查技术应用在重点区域内。相对来说后一种方法可能会更有效一些，因为分析工作并不一定能够表明重点嫌疑人区域完全覆盖罪犯的藏身之处，只有当罪犯将该区域视为寻找作案目标的区域时才会有所体现。

同时进行的一个时间分析也表明罪犯在周五和周六的半夜零点至后半夜2点之间比较活跃。这就要求警方在这些时间段内在重点区域内的监控和布控必须高度警戒。通过与巴斯当地警方的侦查人员沟通可知，重点嫌疑人区域内的很多居民都需要进一步的监控和研究。通过回顾对重点区域内以往的行人和其他事件的检查也表明，如果再有与连环案件相关的事情发生的话，可以确定能够识别出可能的嫌疑人。巴斯市中心区域，包括重点区域在内都被 CCTV 所覆盖，这样后方的监控人员能够对所有地区保持监视并根据罪犯的作案手段时刻保持警惕。

6.2.3 进一步调查

在警方开展了地理画像分析之后，罪犯的犯罪行为仍十分活跃。在制作了第一张地理画像地图之后的四个月期间又发生了多起案件，这些案件被认为是该连环性侵案件的继续，这就使得人们不得不重新审视最初的工作。考虑到案件的不断升级，专案组请来了一位行为侦查顾问（BIA－Behavioural Investigative Advisor，在英国 BIA 是对“罪犯画像”人员的一类称谓，其主要职责是通过预测罪犯的特征和评估犯罪现场来辅助侦查破案）来分析连环犯罪的连锁效应和罪犯的特征。连锁效应分析对之前发生的并被认为属于连环犯罪的两起案件提出了质疑，将其进行了排除，随后又将在开展地理画像分析之后不久发生的两起案件归并到了连环犯罪当中。随后针对连锁效应分别制作了一张地理画像地图。虽然两张图多少存在一些差别（图6.2），但最终结果还是锁定了被怀疑为罪犯用来搜索犯罪目标的几条主要街道。

6.2.4 案件的告破

警方随后采取了诱饵战术。在罪犯最有可能寻找犯罪目标的重点区域内部署了超过 100 名警员。警方为诱饵设计了一条行走路线，该路线经过乔治大街（位于重点区域内）并延伸到城北。这条路线与之前连环性侵案件的一名受害者的行走路线十分相似。在凌晨 3 点左右警方发现了一名男子驾车在重点区域附近缓慢行驶，观察并跟随诱饵一直到了重点区域的北面。这名男子看到充当诱饵的女子进入一所房子之后将车停在路边并试着打开房子的大门，随后附近的警员一跃而起将其逮捕，该男子随后承认了 9 起性侵犯罪的行为，他被判处 9 年监禁并且被终生登记为性犯罪人员。

该男子属于典型的外来人员犯罪 - 从其他地方来到犯罪现场进行犯罪行为。在本案中，地理画像确定出了罪犯从外地来到巴斯开始作案的区域。Strangeland 也给出了一个相似的案例。

Comparison of the Geographic Profiles produced, for scenarios A and B

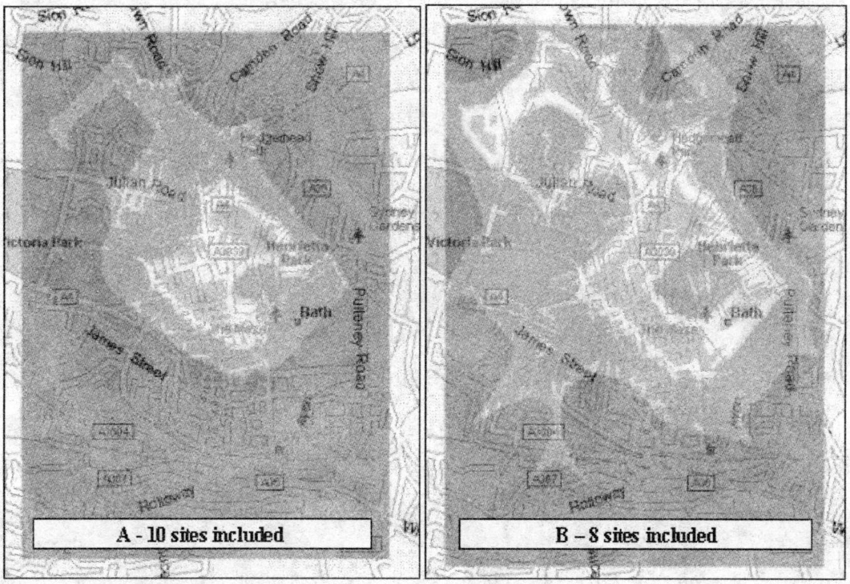

图 6.2　生成的两个不同的地理画像结果（a）10 起案件（b）8 起案件。读者可在本书的附录浏览全彩色图片。

6.3　罪犯的地理属性

任何一个罪犯在选择作案地点上都是有原因的，在本案例中这名罪犯也是如此。为什么是巴斯而不是其他地方发生了连环性侵案件呢？在我们的日常活动中，大部分人会经常到附近的地方并在熟悉的环境下做熟悉的工作。罪犯也是如此，除非罪犯确切知道目标是谁，否则谁也说不准谁会被罪犯盯上（Rossmo，2000）。因此这也解释了罪犯选择巴斯作案的原因。从过去到现在，即便这个罪犯不是本地的居民，但罪犯对巴斯这个城市的环境非常熟悉使其最终选择了在巴斯进行犯罪活动。

罪犯的藏身之处离连环性侵案件发生区域的距离有 10 公里之遥，但罪犯过去曾经在巴斯生活的 10 年时间里先后换过 5 个住处。这很有可能是他最终选择巴斯市中心来寻找犯罪目标进行犯罪活动的主要原因。另外，在罪犯曾住过和工作过的巴斯市中心地区，当地人多多少少也会对他有所了解，因为他之前曾经住过的两个房子距离重点区域的距离不超过 400 米。

6.4 业务领域和学术领域的地理画像比较

在实际业务中开展的地理画像分析与在学术研究中所做的地理画像研究在很多方面有所不同。比如在学术研究方面，一些研究工作就未能证实警方在破案过程中所做的假设是否正确以及尚未提出评价地理画像的标准等等。以下列出了实际工作和学术研究两个领域的主要区别：

- 开展地理画像分析所需要的连环犯罪案件数量不同（Rossmo（2000）认为要对罪犯的藏身之处生成一个合理并且可靠的画像地图的话，连环犯罪的数量不能少于 5 次）。
- 是否能精确地识别并考虑连环犯罪中的连锁效应。
- 是否准确识别出犯罪地点。
- 是否能意识到额外的空间信息，如罪犯的运动、财物的处理等。
- 是否对整体犯罪环境了解。

虽然实际工作中的地理画像分析可以相对灵活地采用低于学术研究建议的最少连环犯罪数量来进行分析，但不得不承认这样做的结果将会直接带来误差的增大。

开展地理画像分析的人员在使用地理画像软件开展工作前都要接受额外的培训和指导以确保其能够完全了解软件系统以及软件背后的方法、相关原理和理论。要在实际案件侦查分析中应用地理画像分析并能够对分析结果进行解释需要用户具备很多这方面的知识。但是在学术上，许多学术上的评价研究从来不参考地理画像分析人员的培训，而且他们在研究中使用连环案件进行分析时也不考虑这些案件是否适用于地理画像。

一些案件中的分析表明，Rigel（NPIA 采用的一种软件分析系统）和其他计算机系统在预测罪犯的住址时还不如大学生用一些简单的规则所进行的预测结果更好（Snook，*et al*. 2004）。但是这也会导致在一些案件的侦破中案件本身就被人们想当然地认为不适用于地理画像。这样一来，在这些案件分析中地理画像分析人员就会不主张使用地理画像分析技术，但同时还要对犯罪活动进行深层次分析并探索罪犯的犯罪藏身之处。

本章的案例分析表明，在必要的侦查和调查基础上，还需要考虑一系列因素的影响，比如受害人的行走路线分析和环境犯罪学的原理，以更好地对罪犯的运动轨迹和空间偏好性有所了解。将这些分析技术相结合，再考虑到罪犯的活动和可能的藏身之处后有利于人们做出更合理的推断。

学术研究有时也会不考虑地理画像中的一些影响因素，比如犯罪机会的分布、目标的吸引（Bernasco，2005）以及犯罪活动发生地点的环境背景等（Strangeland，2005）。但是，尽管在当前的地理画像算法中这些因素并没有考虑进去，但是在案件会商时这些因素往往都是警察们讨论的核心问题。

地理画像分析评估方法主要是用来检验技术的有效性，从得分结果也可以反映地理画像的准确性。一般的，地理画像分析评估很少会考虑连环犯罪案件中复杂的时空因素，并且地理画像方法也很少应用到特殊侦查手段中。在地理画像分析过程中的一些处理过程一般不需要绘制散点、撤动按钮或者将图像传送给侦查员告诉他们哪些区域是需要重点关注的。地理画像分析人员需要考虑的主要是：重点区域在实际生活中到底反映了一种什么现象？它真的是罪犯的藏身之处吗？它会不会只是罪犯从事犯罪活动的场所？它是否是罪犯以前和现在的藏身之处？此外在考虑罪犯的空间活动前提下还要关注一些更加具有普遍性的基本原理：为什么罪犯在特定的时间会出现在那个地方？为什么罪犯会选择那个地方而不是其他地点？如果本章所给出的案例被用来进行地理画像综合评价的话，那结果很可能是 Rigel 所给出的结果在预测罪犯位置上是不准确的。

从业务的角度来说，地理画像分析的问题在于为了评估罪犯的犯罪行为并且引导有效的侦查破案策略而把空间理论和研究与我们对罪犯行为的理解结合在了一起，同时还考虑了相关的环境因素和司法鉴定因素。

6.5 结论

地理画像分析并不会直接解决犯罪问题，但是面对大量的犯罪空间和时间信息，空间分析却能够确保将侦查力量高效地用于连环案件的侦破当中。

只有当画像分析人员完全了解到详细的案情和侦查途径的时候地理画像分析或者空间分析才能发挥出最大作用。地理画像的分析主要是用于现场的侦查研判，进而有针对性地分配力量和开展行动，但同时地理画像分析还必须能够适应随案情不断变化的侦查需求。但一般来说，现场侦查的复杂性和情况的不可控使任何对侦查手段的评价都难免客观。的确，连环案件侦破中的因素实在太多。英国的 NPIA 已经开发了一套包括相关知识、实践指南和专门技能的教材来使高级侦查警员能够有效地利用大部分技术以便于在每个犯罪场景下都能得到正确的结果。地理画像是这套提供给侦查人员使用的教材中的主要技术和侦查方法之一，只要能够在合适的时间（针对合适的案情）运用这些方法，并且与其他专业性的工作相结合（比如行为分析）就能得出一条有效地侦查线索。但是这条线索并不会直接用于破案，它的作用更多是提供给警员们额外的灵感，使其能够与其他的情报分析和相关信息结合起来作为警察们开展工作决策的依据。

6.6 参考文献

Bernasco, W. (2005) The use of opportunity structures in geographic profiling. (online) Presentation given at the *Third National Crime Mapping Conference* http: www. jdi. ucl. ac. uk/download/conference/third_nat_map/wim_bernasco. pdf

Brantingham, P. J. and Brantingham, P. L. (1981) *Environmental Criminology*. Waveland Press: Prospect Hights.

Cohen, L. E. and Felson, M. (1979) Social change and crime rate trends: a routine activity approach. *American Sociological Review* 44: 588 – 608.

Cornish, D. B. and Clarke, R. V. (Eds) (1986) *The Reasoning Criminal: Rational Choice Perspectives on Offending*. New York: Springer – Verlag.

Davies, A. and Dale, A. (1995) *Locating the Stranger Rapist*. Special Interest Series: Paper 3. London: Police Research Group, Home Office Police Department.

Rossmo, D. K. (2000). *Geographic Profiling*. Boca Raton, FL: CRC Press.

Snook, B., Taylor, P. J. and Bennell, C. (2004) Geographic profiling: the fast, frugal and accurate way. *Applied Cognitive Psychology* 18: 105 – 121.

Strangeland, P. (2005) Catching a serial rapist: hits and misses in criminal profiling. *Police Practice and Research* 6 (5): 453 – 469.

Van de Kemp, J. J. and van Koppen, P. J. (2007) Fine tuning geographic profiling. *In Criminal Profiling: International Theory, Research and Practice*, Kocsis, R. N. (Ed.), pp. 347 – 364.

Zipf, G. (1950) *The Principle of Least Effort*. Reading, MA: Addison Wesley.

7 破获铁锤帮行动：概率网格法在连环武装抢劫空间分析中的应用

Chris Overall，Gregory Day

7.1 前言

在警方的案件侦破中，一般都是只有在考虑司法证据、受害者或目击证人的情况下才会重点分析犯罪地点之间的关系（Prinsloo，1996），而不是罪犯的空间行为（Rossmo，2000）。在有些连环犯罪中有时在犯罪地点上缺乏司法证据或者目击证人而导致侦查行动无法开展，但是实际上只要通过空间分析来对罪犯进行定位也可以使犯罪地点成为一个明确的证据（Le Beau，1985）。然而，地点的重要性在侦查人员看来往往被想当然地认为是罪犯可能是居住在一定社区范围内的当地人，这个范围可能也就几平方公里，或者几百平方公里的当地的市镇而已。以确定罪犯藏身之处为目的的侦查行动通常都与办案人员的知识储备和对罪犯的认识有很大关系。但是随之而来的问题则是办案人员对罪犯下一次可能在哪里作案或者在哪里能够抓捕罪犯的推断对案件的侦破是否有足够的可信度（Adhami，Brown，1996；Canter，Alison，1999）。

一些信息如土地利用、区域地理、道路网络以及其他的基础设施数据在传统思维中可能被认为是与破案无关的，但是在与案情信息和罪犯的空间行为研究结合在一起之后就会为人们拓展出一个新的思路（Rossmo，1995）。

将案情与地理信息系统（GIS）中的地理数据相结合能够使人们发现不同类型数据之间的内在关系和关联性，但是在以前，办案人员可能会认为这些分析与案件侦破毫不相干（Veenendaal，Houweling，2000；Canter，2000）。在这种结合的基础上，如果通过司法系统无法有效识别出从事犯罪活动的人员，那么在罪犯下一个可能进行作案的地点上阻止或者逮捕罪犯可能也是一种更有效的选择（Skogan，Antunes，1970）。

南非的连环案件空间罪犯行为分析一般主要针对的是连环凶杀案或连环强奸案，在这些案件的分析中人们通过使用 GIS 来对罪犯的运动轨迹制图进行辅助性的侦查分析。这里包括了使用 Rigel 软件来确定罪犯的藏身之处（Cooper *et al.* 2001)。但是到目前为止在南非人们还没有开始应用概率网格方法（PGM - Probability Grid Method）（Hill，2001）进行连环案件罪犯空间行为分析，进而预测连环案件中的下一个可能的犯罪地点（比如武装抢劫），并且也没有对这种方法在办案决策支持上的可行性进行论证。

在亚利桑那州的菲尼克斯—格伦代尔，Hill（2001）在武装抢劫连环案件中预测下一个可能的犯罪地点上对概率网格方法的应用充分展示了概率网格方法在连环暴力案件中办案决策支持方面的价值。因此在本案例中我们的目标就是检验 Hill 在多起“给强盗录像”行动中的处理过程来看一看利用南非已破获的武装抢劫案件数据是否能够得到相似的结果以及是否对侦查部门有着确定性的价值。

在本案例中，作者定义了广义的侦查价值为“能够从给定的十二个目标数据中识别出最重要的四个”。这将会大大缩小案件侦查的区域从而使人们对重要的目标采取更有效的侦查手段。在南非，虽然已经成功地将概率网格方法应用成为一种办案决策支持工具，但还远未达到减少办案成本与时间和连环暴力犯罪侦查案件 100% 侦破的要求（Redpath，2002）。

7.2 背景

在 2003 年 10 月至 2004 年 1 月期间，南非夸祖鲁 - 纳塔尔省的德班市连续发生了 7 起连环武装抢劫案。情报分析表明，该犯罪团伙也曾经在其他地区，包括豪登自治省和西合恩角省有过犯罪记录。该犯罪团伙由于在犯罪过程中使用的作案手段很独特，因此被德班当地报纸媒体给予了一个“铁锤帮”的绰号。

“铁锤帮”的作案目标主要是特定的外汇兑换机构。作案时一般有两名罪犯，一名持枪，而另一名持一个 5 公斤的铁锤，持铁锤的罪犯将出纳员的防弹玻璃打碎，然后另一名罪犯用武器威胁员工并将现金抢走。同时另外两名持枪罪犯会等在大厅门口负责阻击大厅保安。得手之后罪犯将铁锤扔掉然后钻进一辆准备好的汽车逃离作案现场。这些案件均发生在德班市郊区的购物中心，距离交通干道很近。这些案件在空间上的覆盖面积很大，分布在 4 个不同的警察辖区内，总面积达到了 148 平方公里。

考虑到这些案件的性质十分严重，这起连环武装抢劫案件直接由南非警察部的夸祖鲁 - 纳塔尔省严重暴力犯罪部门负责调查（该部门现在已经重组并归并到南非警察部的有组织犯罪部门的领导之下），不久在 2004 年 1 月武装抢劫罪犯被抓捕归案。事后，2006 年 1 月，在获得了这起案件的具体数据之后，本文作者对这起案件进行了分析。

7.3　数据绘图和图像获取

在获取了最终的犯罪数据后，第一步就是对德班地区的 12 个外汇连锁店进行空间定位制图，然后将其与 6 个已发生犯罪的地点进行叠加。这项功能由本文作者利用 ArcGIS 开发的一个简单数据输入脚本实现。对犯罪地点的制图使我们通过数字地图的可视化更清楚地了解了连环犯罪活动的空间分布情况（图 7.1）。但是，从罪犯活动轨迹的角度或可能存在的犯罪地点角度却无法清楚地判断出“下一个可能的犯罪地点”在哪里。

在此之后，犯罪地址数据被导入到了 ESRI 的 ArcGIS 一个名为“犯罪分析工具”的扩展软件中。随后应用其中的犯罪路径工具对犯罪地点创建了一个连续的犯罪路径。当这些工作完成后，凭借在这之前人们确定的罪犯曾经作过案的地点，人们发现罪犯的犯罪路径是一个环形的结构。

尽管根据这个连续的犯罪路径可以推断出最有可能发生的下一次犯罪地点在哪里，但是单凭侦查经验和逻辑推理是否足以保证人们进行有效的侦查决策呢（Helms，2000）？

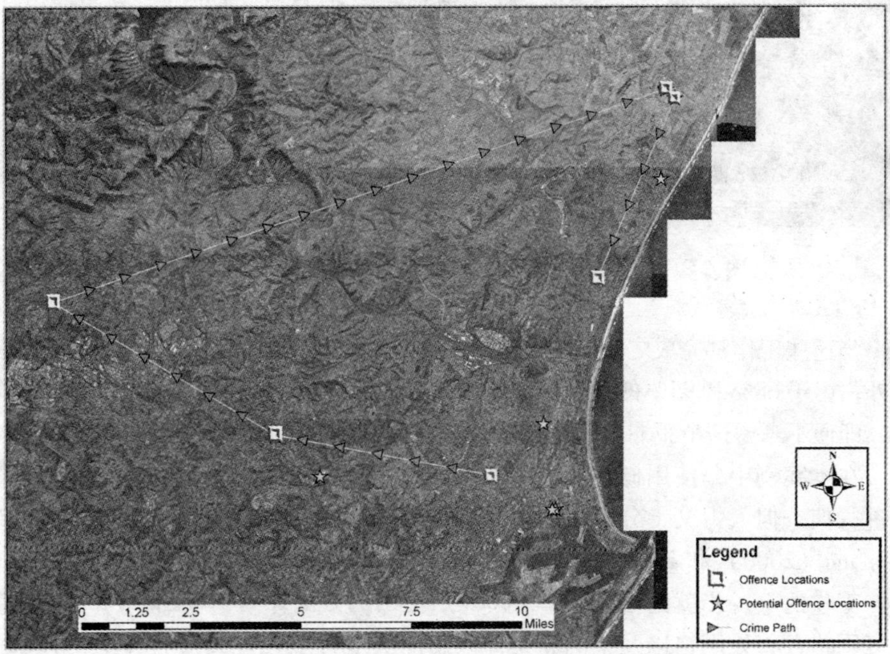

图 7.1　根据犯罪地点和可能发生的犯罪地点做出的犯罪路径。

7.4 预测下一次犯罪活动可能发生的地点

分析工作的第一步就是创建概率多边形，假定上一个犯罪活动发生在概率为68%或95%的区域内，那么下一个犯罪发生的地点也应该在同一个68%或95%的概率区域内（图7.2）。

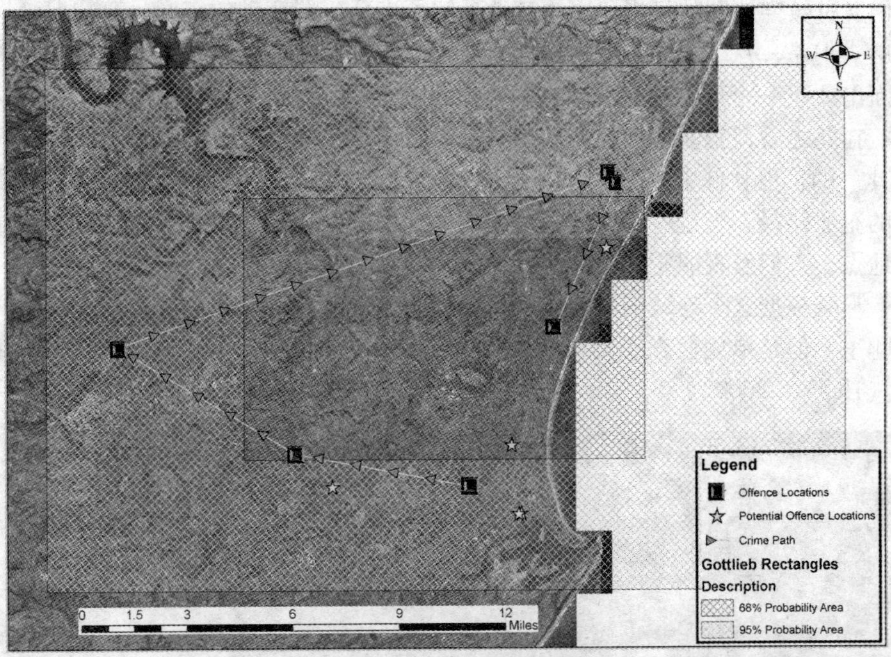

图7.2 根据犯罪路径和犯罪地点得到的高特利布多边形。

当这些工作都完成之后就会发现，有一个疑似犯罪地点落在了95%概率区域之外。由于68%和95%的概率区域的面积分别达到了179平方公里和228平方公里，即便不考虑这个犯罪地点，剩下的11个犯罪地点的覆盖区域面积仍然很大。

在本案例中，使用概率多边形来甄别犯罪目标对于要在如此广大的一个区域进行侦查但人力又十分有限的侦查人员来说无疑是十分困难的。这种情况在Catalano（2000）和Hill（2001）的案例中也曾经出现过。

工作的下一步就是根据Hill（2001）提出的方法在ArcGIS中创建一个概率密度网格，将该网格以及空间和案件数据图层进行量化评分之后可以整合成一个单独的数据集来生成一个概率密度最大的目标区域。概率网格的尺寸根据疑似犯罪目标的分布范围设定为1平方公里。这样经过处理之后能够减少疑似犯罪目标分析数量和相关的侦查区域范围。

概率地图的评分主要是根据网格与下列的空间数据图层的关系，评分规则是以网格是否满足下列条件：

1. 位于 Convex Hull 多边形内；
2. 位于概率多边形内；
3. 位于土地利用图层内；
4. 位于最终缓冲区内；
5. 犯罪目标是否在网格内；
6. 犯罪路径的方向。

7.5　结果

最终形成的概率地图包括了两个互相之间非常接近的犯罪概率很大的地点，分别为该连环犯罪案件中的第七起案件和最后一起案件。根据犯罪地点之间的平均距离（9.7 公里），从逻辑上假定下一次犯罪活动发生的地点将会位于第六起犯罪地点周边半径 9.7 公里范围或者第一个缓冲圆形区域内。而这两个概率非常大的犯罪地点都位于第一个缓冲圆区域内，并且计算出的半径与罪犯的路径方向是一致的。因此，概率网格方法有效地将可能成为犯罪目标地点的数量从 11 个减少到了 2 个（如图 7.3）。

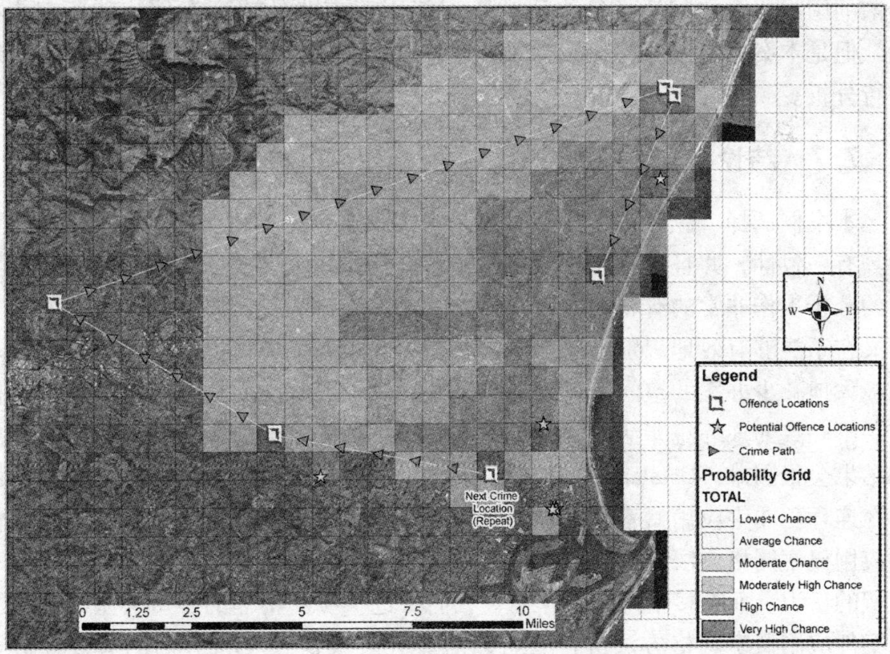

图 7.3　概率网格预测效果。读者可从本书附录中看到本图的彩色版本。

侦查区域范围的有效缩减主要归因于两个犯罪地点之间的距离只有 2.7 公里，并且两个犯罪地点均位于一个警察辖区内，而不是之前覆盖区域面积达 228 平方公里的四个警察辖区。

7.6 概率网格法应用过程中的一些注意事项

在不断进步的制图技术和犯罪情报分析与侦查人员不断的知识要求背景下，在南非应用概率网格方法作为一种办案决策支持工具已经是必然的趋势。在这种情况下侦查人员和分析人员就不得不将以往在连环案件侦破中从未被考虑过的社会经济、地理和基础设施等作为一种影响犯罪分布的重要因素。

一般来讲，不管连环案件如何发生以及最终的分析结果如何，像一些诸如媒体报导、犯罪目标保护以及在可能发生犯罪的地区加强执法巡逻等措施肯定会对罪犯的空间行为方式产生影响。

在进行犯罪分析的过程中人们不一定要将上述自变量的影响效应、罪犯活动的解释、分析人员或情报人员在确定数据价值方面的直觉或经验以及这些因素应当如何在实时分析中的应用等全部考虑进去。虽然侦查人员和分析人员可能会根据他们的侦查经验或直觉来对罪犯的空间活动行为进行解释分析，但是在南非国内将罪犯的空间行为研究用于案件分析还比较少见（Oldfield，2000）。当前的国际犯罪空间活动行为研究是否能用于南非的连环案件侦破还有待检验。但是本案例中作者的确是应用了当前国际上的一些研究成果来对犯罪活动进行分析。

7.7 结论

本案例选择“铁锤帮”进行分析是考虑到这个犯罪团伙的空间活动行为前后具有一致性，并且在犯罪目标的选择上也是比较具体的，这对于我们开展犯罪的分析工作非常的有利。作为一种办案决策支持工具，概率网格方法的最大意义在于能够有效地识别出连环犯罪活动的下一起案件可能发生的地点并且可以极大地减少办案的空间侦查范围。但是，对于那些空间活动行为和作案目标前后不一致的连环犯罪活动，分析的难度和复杂度就会加大，并且要得到理想的结果会很困难。Catalano（2000）和 Hill（2001）分别在他们的论文中指出了在连环犯罪中应用概率网格方法存在的一些问题，并且对于打算将来在工作中应用概率网格方法进行侦查分析的人们来说尤其需要对这些问题有着充分和清醒的认识。而在接下来的工作中，我们将进一步对南非的多个类型的连环犯罪案件应用概率网格方法进行分析以对其在办案决策支持方面的有效性进行评估。

7.8 致谢

本文作者在此向南非警察局夸祖鲁－纳塔尔省有组织犯罪部门主任 Johan Booysen 为本案例研究提供数据支持表示诚挚的感谢。

7.9 参考文献

Adhanmi, E. and Brown, D. (1966) *Major Crime Enquiries: Improving Expert Support for Detectives.* London: Special Interest Series Paper, Police Research Group, Home Office.

Canter, D. and Alison, L. (1999) Professional, legal and ethical issues in offender profiling. *In Profiling in Practice and Policy*, Canter, D. V and Alison, L. J. (Eds), pp. 23－54. Liverpool: Offender Profiling Series Vol. 2, Center for Investigative Psychology.

Canter, P. (2000) Using a geographical information system for tactical crime analysis. In *Analysing Crime Patterns: Frontiers of Practice*, Goldsmith, V., McGuire, P., Mollenkopf, J. and Ross, T. A. (Eds), pp. 3－10. London: Sage Publications.

Catalano, P. (2000) Applying geographical analysis to serial crime investigations to predict the location of future targets and determine offender residence. Presented at *Crime Mapping: Adding Value to Crime Prevention and Control Conference*, 21－22 September, Adelaide, Australia. Australian Mineral Foundation.

Cooper, A., Byleveld, P. and Schmitz, P. M. U. (2001) Using GIS to reconcile crime scenes. Presented at the *Fifth Annual International Crime Mapping Research Conference*, 1－4 December, Dallas, TX.

Helms, D. (2000) *The Use of Dynamic Spatio－Temporal Analytical Techniques to Resolve Emergent Crime Series* (online). International Association of Crime Analysis. http://www.iaca.net. Articles/dynamic.pdf.

Helms, D. (2002) The tactical checklist. In *Advanced Crime Mapping Topics*, Bair, S., Boba, R., Fritz, N., Helms, D. and Hick, S. (Eds), pp. 7－21. Denver, CO: NLECTC, Univeristy of Denve.

Hill, B. (2001) Narrowing the search: utilizing a probability grid in tactical analysis. Presented at *The Fifth Annual International Crime Mapping Research Conference*, 1－4 December, Dallas, TX.

Le Beau, J. L. (1985) Some problems with measuring and describing rape presented by the serial offender. *Justice Quarterly* 2: 385－398.

Oldfield, D. (2000) What help do the police need with their enquiries? In *Offender Profiling: Theory, Research and Practice*, Bekerian, D. and Jackson, J. (Eds). Chichester: J. Wiley & Sons.

Prinsloo, J. (1996) The scene of the crime as a source of information. In *Forensic Criminalistics*, 2nd edn, Van der Westhuizen, J. (Ed.). Johannersburg: Heinemann.

Redpath, J. (2002) *Leaner and Meaner? Restructuring the Detective Service.* Pretoria: Monograph 73, Institute for Security Studies.

Rossmo, D. K. (1995) Place, space, and police investigations: hunting serial violent criminals. In *Crime and Place: Crime Prevention Studies*, Vol. 4, Eck, J. E. and Weisburd, D. A. (Eds), pp. 217 –235. Monsey, NY: Criminal Justice Press.

Rossmo, K. (2000) *Geographic Profiling.* Boca Raton, FL: CRC Press.

Skogan, W. G and Antunes, G. E. (1979) Information, apprehension and deterrence: Exploring the limits of police productivity. *Journal of Criminal Justice* 7: 217 –241.

Veenendaal, B. and Houweling, T. (2000). Gut feelings, crime data and GIS. Presented at *Crime Mapping: Adding Value to Crime Prevention and Control Conference*, 21 –22 September, Adelaide, Australia. Australian Mineral Foundation.

8 “摇骰子”：在内布拉斯加州林肯市对罗斯福·欧文的抓捕

Tom Casady

8.1 前言

空间分析在很多方面丰富了警察的决策指挥功能。其中的一个就是设计有效的侦查指挥策略。2005 年美国内布拉斯加州林肯市抓获一个连环银行抢劫犯就是这方面工作的一个典型案例。

在 2000 年 7 月 6 日 16 点左右，一名男子用蓝色手帕蒙住脸走进了一家位于林肯市阿尔法罗大街的社区购物中心一角的美国银行实施抢劫。嫌疑人手持一把半自动手枪威胁银行员工将抽屉中的钱全部拿出来。随后他将大约 14406 美元现金装入一个口袋中迅速逃走。一名附近停车场的目击者看到嫌疑人跑到一辆绿色的皮卡中开车离开现场。随后在事发现场 6 个街区外，人们发现了这辆被遗弃的汽车，经过勘查，人们发现这辆车是在事发前一天被盗的。从这以后，在林肯市连续发生了多起抢劫案，并且持续达四年之久，给林肯市警方造成了极大的社会压力。

这个连环抢劫案最终在 2005 年 1 月 14 日一个大雪纷飞的早晨被破获。在早晨 7 点 51 分，警官 Scott Arnold 在林肯市东部的一个富国银行支行中将正在实施抢劫的嫌犯当场制服。这名嫌犯名叫罗斯福·欧文，39 岁，被逮捕时已连续实施了 13 起银行抢劫案，案件总值为 445203 美元。

8.2 欧文所实施的连环银行抢劫案

林肯市为内布拉斯加州的第二大城市，人口 24 万 1 千人，在当地银行抢劫案是相对比较少见的一类犯罪活动。欧文第一次抢劫是 2000 年当地发生的第六起银行抢劫案，该类案件当年一共发生了 9 起。但是在过去 10 年中当地平均每年才发生 6 起银行抢劫案，因此 2000 这类案件异常高发。欧文的第二次犯罪活动发生在四个月后的 2000 年 11 月 4 日，地点是林肯市郊区的另一个银行。在第二次犯罪中欧文获得赃款 7744 美元。六周后，他故技重施，返回他第一次作案的美国银行，抢走了几乎所有的现金。在他第三次实施抢劫时，林肯市警方就已经确定了这三起案件均为其所为。欧文的作案手法很明确，在前七次犯罪活动的手法几乎完全相同。每次作案时欧文都会偷一辆汽车用作逃跑工具，然后在得手后将汽车丢弃。每一起案件中，欧文都会持一把手枪，用手帕蒙住脸，然后从出纳柜台索取现金。但与第一次他在下午作案不同，随后的四次抢劫他都是在中午实施的。

2001 年 6 月 19 日，在进行第六次抢劫时，欧文发现了银行的金库位置。在这次抢劫中，他命令两名银行员工进入金库拿出更多的现金，随后命令员工趴在地上。这次抢劫欧文大获丰收，一共抢得赃款 66200 美元。随后欧文变得更加狡猾，抢劫的胃口越来越大。

第九起抢劫案件是他收获最大的一次。在早晨 7 点左右，他在停车场持枪劫持了一名银行员工，并且等另一名上班的员工到来后将其一同劫持，欧文强迫两人进入银行金库为其带出现金，随后命两人趴在金库的地上。这一次欧文抢得现金 94859 美元，并且从此之后他总结出了一个更加有效的抢劫规律：清晨的抢劫收获最大。在银行开门营业的时候进行抢劫其实是一种并不新鲜的作案手法，但欧文却从中摸索出了如何在清晨实施抢劫收获最大。其后进行的五次抢劫案件中他的作案手法再也没有变过。

欧文在进行抢劫犯罪活动过程中收益是巨大的。随着他的作案手法不断变化，他已经不再满足于抢更多的钱。他开始更多地威胁起银行的员工。除了作案时持枪并且逃跑迅速以外，他还劫持人质，作案时间更长，强迫人质进入银行的金库，并命令他们趴在地上。在 2004 年 1 月 20 日他进行第十次抢劫时，他甚至将人质捆了起来。

很难想象随后发生的抢劫案件对案件中的人质造成了哪些恐怖影响。虽然内布拉斯加州面积很大，总人口却只有 170 万。当地的媒体市场很小，却有一大堆的报纸、电台和电视台。在 2002 年九月，内布拉斯加州的诺福克发生了一起美国银行抢劫案。案件中的五名人质都被抢劫犯杀害。随后罪犯都被抓获，案件的诉讼持续了两年之久。这件事在内布拉斯加的影响范围很广，以至于在欧文抢劫案中被捆绑和命令趴在金库地上的人质当时以为他们活不了了。

林肯市警方和联邦调查局曾经共同合作来确定连环银行抢劫案的主犯并且将其抓获归案，但是最后仍然徒劳一场。不像其他的银行抢劫案，这起连环抢劫案的嫌犯并不像其他地方的罪犯那样容易留下蛛丝马迹。虽然警方付出了极大努力，但是最终得到的线索非常少。但是最后一名联邦调查员还是给出了有说服力的线索：林肯警方的侦探 Jim Breen 曾注意到抢劫案相间隔的时间与嫌犯每次抢劫获得的赃款数量有着弱相关性。

8.3 分析欧文的连环犯罪活动

2004年12月14日，星期二，林肯市警察局主要领导召开例行周会。在上午的会议上，参会人员讨论了银行连环抢劫案的问题。此时距离上一次发生的银行抢劫案已经过去了6周，而在这次案件中嫌犯抢得赃款44000美元。为此，在会议上人们决定采取更进一步的行动来打击银行抢劫案件，会上一致决定进行布控。

采用布控手段对警方来说也是一种昂贵的赌博，因为人工成本非常高，但是成功的几率很小。几乎所有参与行动的警员都集中在一个固定的时间内来进行布控，但是在布控结束后不久罪犯又再次作案。但对于警方来说已经无法容忍再发生银行抢劫案了。副局长 John Becker 受命来执行这一计划，他将该计划行动称为“摇骰子”，意指此次行动的艰巨性。

但是终究来说，好的情报分析会使形势向有利于警方的方向发展。分析工作的第一步就是收集侦探 Breen 警官的调查报告。按照时间的先后顺序对银行抢劫案进行排序，分析小组计算出了每次抢劫案之间的时间间隔以及每次作案时嫌犯得到的赃款数量。数据分析表明，嫌犯很有可能在2005年初再次作案。但是这一结论还是太粗了，警方需要更精准的信息才能开展行动，而且对于警方来说也不能在这件案子上耽误太久，否则会对这一年度工作带来太大的人力资源成本压力。警方决定开展这项行动的时间最多只有八天。虽然从经济和金融方面推测出2005年第一季度发生银行抢劫案的可能性最大，警方最终认定2005年1月中旬有可能会再次发生银行抢劫案。

在准备行动的过程中，人们开展了大量的分析工作以确定哪些目标最有可能是嫌犯作案的地点。首先，地理分析证实除了一起案件以外，其他的大部分银行抢劫案都发生在城区的西南角。而唯一没有发生在西南角的那一起案件距离西南城区也不过几个街区之遥。此外，这些抢劫案距离城郊很近。而对于被抢的银行来说也具有一些独特的特征。欧文曾经三次回到同一个银行作案，这在其总共12起案件中所占比例为50%。所有被抢的银行都很小，雇员不过几人，而且都是位于独立的建筑当中。自从欧文开始在早晨抢劫后，他对银行有了更多的了解：他知道员工会几点到达，一般开什么车，甚至是员工的人数都了如指掌。

根据这些信息，分析人员制作了一张关于林肯市所有金融机构的分布地图，并将其中满足犯罪条件的35家银行重点标示出来。参与该行动的30名警员和4名FBI探员将对其中的12个地点进行重点布控，在具体的分工上，以两人为一组，同时还有一个SWAT行动组作为预备队以随时准备对可能发生的银行抢劫案进行应急。同时犯罪制图还确定出每个监控小组在特定的地点可以有效地对多个银行机构进行覆盖。而其余的银行机构则通过两种措施来进行犯罪预防：在行动的前一天在银行附近放一辆空警车，或者在行动当天上午 7 点至 8 点半期间将当天的在岗警员巡逻路线调整至银行附近。该行动计划有目的的将嫌犯的犯罪目标减少到很小的范围内。

分析人员同时对城区西南可能的进出路线进行了分析。根据现有结论，嫌犯很可能是从外地来林肯市作案，为此警方对可能的进出路线进行了布置，使路线周边相关执法部门如内布拉斯加州国民警卫队和兰开斯特县治安所能够随时对路线进行监控。同时骑警与相关治安人员在关键路口根据掌握的嫌犯车辆特征描述对出埠车辆进行检查。

8.4 “摇骰子”行动

“摇骰子”行动在 2005 年 1 月 14 日开始实施。这一天距离 1 月 17 日的马丁·路德·金全国纪念日还有三天，同时也临近周末。警方认为三天的假期和周末对于嫌犯可能是一个重要的犯罪时机，因为如果嫌犯之前抢劫银行是为了赌博、吸毒或其他活动的话，那么最近他可能急需用钱。

行动在第一天的早晨 4 点钟在警局大楼会议室开始。所有参与行动的人员快速重复了一遍行动计划并对任务进行了详细的分工。在 6 点左右开始部署行动。

侦探 Dennis Duckworth 受命在位于林肯市应急管理中心值守，并任行动的指挥。Duckworth 准备了一个速写板来记录行动的时间和重要事项。板上的第一行记录着“0400，指挥部会议”，第二行写着“0600，所有人员到达指定位置”。在 7 点 51 分，31 岁的老资格巡逻警员 Scott Arnold 正驾驶着他的巡逻车经过位于第 66 大街和 O 大街的 Wells Fargo 银行停车场。Arnold 警官是此次行动为数不多的“局外人”之一，他的职责就是对行动重点区域以外、自己的巡逻区内的几家银行进行监控。他忽然注意到一些奇怪的事情：虽然银行员工的车辆已经停在了银行门口并且已经到了 7 点半的上班时间，但银行的车辆通行通道却并没有打开。通过进一步的观察，他怀疑银行内有抢劫案发生，随即他立即呼叫支援对银行进行包围。

Arnold 警官的判断是对的。罗斯福·欧文在银行上班时间前就已经达到并且劫持了一名前来上班的出纳员。他手持一把 Glock 9 毫米半自动手枪，将出纳劫持进银行然后等待第二个上班的员工的到来。在另一名员工进入银行后欧文将两人用绳索绑在了椅子上。Arnold 正好碰上了欧文作案，随即他打破无线电静默呼叫支援。欧文在同时也发现了 Arnold 的警车，他马上意识到自己被发现了，为了避开从银行北门进来的警察，他用一把椅子打破了银行南面的一扇窗户逃了出去。Arnold 警官随后紧紧地跟着他狂追不已。

欧文穿过了 O 大街，这是林肯市最繁华的一个七车道大街。两人紧接着穿过了 66 大街和 O 大街西南角一家停车场，巧合的是，当时内布拉斯加地区的美国律师 Michael Heavican、负责内布拉斯加州 FBI 部门的特别探员 Paul LaCotti 和内布拉斯加州国民警卫队 Tom Nesbitt 上校正在餐馆里吃早饭。

两人跑过几个建筑后，又穿过了一个养老院的停车场，然后又跑进了一个社区中。随着事态的发展，30 岁的资深警官 Ken Koziol 离开了他在布控行动中分配给他在附近联合银行的蹲点岗位，从社区南面也加入了对嫌犯的追捕中。他截住了欧文，此时 Arnold 也从后面赶来截住了欧文的退路，正当欧文无奈跑到一个住宅的人行道上时，Koziol 警官从另一面跑过去用枪将欧文截住，随后 Arnold 从后面上来将嫌犯铐住。

而此时在 Duckworth 的板子上第三行写着“0751：发生抢劫”，第四行写着“0807：嫌犯被捕”。

欧文在逃跑过程中将手枪丢弃，在几天后大雪融化后才被人发现。审讯后才知道，欧文是本地人，住在林肯市西南区，在辞了一份夜班工作后开始抢劫。随后他用抢来的赃款买了一栋房子和几辆汽车。在 2005 年 12 月欧文在联邦法庭被指控犯下 13 起银行抢劫案，最终被判处 40 年监禁。

8.5 地理分析的关键性作用

可以毫不夸张地说，在逮捕罗斯福·欧文的过程中有很多运气的成分。但不能否认的是情报分析在其中也起到了关键性的作用。犯罪制图有效地帮助警方确定了欧文的作案手段，确定了可能成为下一个目标的银行，确定了布控行动中最有效的蹲守位置以及识别出罪犯最有可能的逃跑路线。这起案子可以说充分体现了警务中的科学性与艺术性：空间犯罪分析和传统侦查分析给资深警员们带来的创新性、主动性和灵感。这种结合毫无疑问在两位资深警员成功抓捕罪犯的行动中居功至伟。

第三部分

社区分析

9 基于策略性资源分配的社区警务与社区安全方案

Alice O'Neill

9.1 前言

“国家社区安全规划 2006/9”（内政部 2005）文件明确规定了警察的服务功能主要为两个方面：

• 社区警务 - 社区警察与其他治安机构共同对社区存在的治安问题进行应对和处理；

• 提供保护性服务 - 如反恐怖与处理严重犯罪和有组织犯罪行为等。

西米德兰警察局（WMP - West Midlonds Police）认为，警察的这些职能与面对重大警情时的资源分配和危险源识别有所不相匹配。因此目前人们迫切需要采取一种新的方法来进行警察力量的策略评估——策略评估是英格兰与威尔士国家情报模型（NIM - National Intelligence Model）的四个“情报产品”之一（更多信息请参见 http：//www. police. uk/nim2），此外危险性评估能够确保警方的工作效率以及应对不同的业务需求。

目前现有的危险性评估工作并不能适应当前的工作需求，这主要表现在无法满足警察基本作战部门（BCU - Basic Command Unit）辖区和社区的工作方向。此外对于整个警察机构来说，对不同层级上的国家情报模型危险性评估开展得还远远不够。

为了应对这一问题，西米德兰警察局开发了一个策略性危险与风险评估指数（STRATi - Strategic Threat and Risk Assessment Index），该指数在设计上主要是为了服务于三个领域。这三个核心领域分别为：

• 保护公众 - 保护公众免于受到死亡和伤害威胁，包括身体和心理两个方面；

• 提高社区稳定性 - 提高社区稳定性和人们满意度；

• 减少犯罪 - 实现犯罪总量减少 15% 的目标［在英格兰和威尔士被称为“公共服务协议 1 号目标（PSA - Public Service Agreement target 1）”］。

还有一个加权因素用于解释该指数应当在国家情报模型的哪个层级上来应用以便于在所有的国家情报模型层级上确保风险的情报优先级。这意味着在一个警察机构层级（通常为第二级和第三级）上更多地会考核“保护公众”，因为这是基层警察部门的主要职责，同时也能确保他们现有的资源能够用于处理严重和有组织犯罪问题（比如通过运用监控手段来打击交通运输过程中的有组织犯罪团伙）。而在基本作战部门中（第一级）警察更多地是肩负打击诸如盗窃机动车财物的犯罪活动，因此在这方面的考核会更多一些。与此相似的是在最基层的部门（社区一级，属于0级），警察可以将更多的工作用于处理他们自己认为比较重要的问题。

9.2 周期性资源分配模型

周期性资源分配模型是在资源分配方面的一种尝试，以确保有限的资源能够满足在西米德兰警察局部门内的不同类型的需求。在所有部门内会根据地理和社会统计等信息对犯罪与违法活动的空间风险进行评估。这样一来会反映出一些辖区会比其他区域在某些犯罪类型上具有显著偏高的风险，比如伯明翰市中心就具有明显偏多的抢劫犯罪活动，而另一个基本作战部门辖区内的反社会行为数量则明显偏多，此外还有一个基本作战部门辖区内的民众对犯罪的恐惧感较强。由此可见，每个区域内的治安犯罪问题是不同的，因此警方需要针对每个区域的具体情况来开展有针对性的工作。这也使警察们意识到不同的区域存在的问题不同，并且对问题的关注和解决也就不能再局限于传统和固定的基本作战部门的区域内，而是应当具体问题具体分析。

在工作中我们利用了大量的信息资源，包括犯罪与重大事故信息，此外还有一些合作机构的信息如缉毒的数据、统计数据包括老年人口比例、年轻人口比例和失业人口比例等。同时我们还利用了一些调查数据（主要来源于警察部门），包括设计一系列的问卷来测量民众对警察工作的“满意度”以及对警务工作的影响。这些问题包括“您对社区存在的警察巡逻是否满意?”和“您认为您社区存在的最大的犯罪或社会问题是什么?”我们对这些结果进行分析并与整个机构所有的实际的犯罪问题进行关联。这有利于我们能够提前了解西米德兰地区内哪些区域面临相同的治安问题。

这些工作是周期性资源分配模型的基础。西米德兰警察局计划在2006－2007财年引进近1000名警务社区支持人员（PCSOs－Police Community Support Officers）来给予决策者一个指南使其明确哪些区域能够从这些资源中得到最大的工作效果。这一工作的中心便是这些人员能够掌握更多的资源使其能够应对当地社区里的一些反社会行为问题，而不是在没有足够力量的情况下去对付严重的犯罪问题。这样一来可以使警方能够在围绕着保护服务的工作目标下在西米德兰警察局内更好地开展社区警务。总而言之，就是要让合适的人在合适的时间合适的场合来处理合适的问题。

9.3 实际效果

该模型的一个重要成果是能够帮助基本作战部门确定是否存在有严重的第二级犯罪问题。目前各基本作战部门由于集中力量完成公共服务协议 1 号目标打击治安犯罪而对第二级犯罪问题关注较少。比如一些基本作战部门不会意识到他们从下到上开展的这项工作是否对持枪犯罪和 A 类毒品的犯罪产生了影响－除非引起了上级的重视他们一般不会关注这些事情。这样一来他们能够为上级部门辨识出这些重要的危险源并且将其归为需要应对的关键性风险问题。相对于以前的从上到下的工作方法来说这是一个十分重要的转变。这种从下到上的方法有利于获取社区情报以服务于高一级部门的工作。

该模型同时也可以通过对空间上分布的犯罪活动进行分析标绘出哪些区域的犯罪水平较高，进而结合公共服务协议 1 号目标开展工作。这有利于整个部门通过策略性评估过程来分配资源以便于从有效的资源中获得最大的工作成效。

在策略分析中通过利用大量的信息资源能够使西米德兰警察局对犯罪黑数有更详细的了解，从而使其更好地进行工作绩效评估。

该模型的中心思想就是将有限的资源集中起来确定出哪些区域对资源的需求最大。但出乎意料的是最后却形成了一个“超级警察机构”。虽然周期性资源分配模型并没有根据警务社区支持人员的分配来进行应用，但该模型却在高级部门中引发了很多思考和讨论。比如，一些地区的警察部门已经开始考虑在可能达到最佳工作效果的地区设置警务社区支持人员和特殊警察岗位。

9.4 前景

该模型的下一步工作就是开发 STRATi 策略性模型。从分析中我们可以知道某些类型的犯罪会在一年中的某些时段会有所增长，比如西米德兰地区的人身抢劫通常会在 11 月至 3 月之间有所增加。该模型的功能就是对任何非季节性活动进行监控或者将所有危险源统一管理进行资源的优先配置。

该模型的下一步工作是与其他机构合作来实现国家社区安全规划的整合要求。这样一来我们的合作单位可以对不同区域的危险源进行评估－目前所有不同等级的风险源都是用一种普通的方法来评估的。根据机构的优先权限可以对其赋予一个权重系数，然后确定出在完成目标方面哪些区域部门能够最充分地利用这些优先权限。

在西米德兰警察局这样一个大机构内进行一些业务上的改变是非常重要的，我们也期望通过一些工作上的尝试能够带动起整个警察系统对业务工作的思考。

9.5 参考文献

Home Office (2005) The National Community Safety Plan (online). London: Home Office. http://www.crimereduction.gov.uk/communitysafety01a.pdf

10 英格兰维冈市开展的问题社区识别与脆弱性区域指数分析——一种用于犯罪预防的策略性多部门协同方法

Ian Bullen

10.1 前言

脆弱性区域指数（VLI – Vulnerable Localities Index）是警方用来衡量社区凝聚力的一种方法。2001 年，英国的奥尔德姆、伯恩利、布拉德福德和雷克瑟姆等地发生了大规模骚乱活动，在骚乱结束后英国中央警察训练与发展机构和 Jill Dando 犯罪科学研究所联合提出了脆弱性区域指数方法来对英国社会中有可能发生社区凝聚力下降从而容易引发骚乱等行为的重点高危区域进行分析和识别（Chainey，2004）。

该指标从设计上由于考虑了方法的通用性原则故而在使用时需要引用大量的数据。这种方法的通用性需要考虑到数据的可获取性和可用性（所有的数据都需要在人口普查区域级别上进行分析）、使用者不需要太多的培训、能够为决策者提供精炼的信息等原则，此外还要尽量简单、具有较好的可靠性和实用性（Chainey，2004）。

分析和识别脆弱性的区域是周期性警务工作中“扫描分析响应评估（SARA Scan Analyse Respond Assess）”环节的第一步，同时也是了解区域性社会问题的开始。一般来说，脆弱性区域指数是客观的统计信息在经过整理、汇总之后的集中表现，但是在指标的应用上还需要具有丰富区域性问题研究经验的警员们来进行进一步的分析。

对每个人口普查区域要获得一个完整的脆弱性区域指数需要六项区域性统计数据，这六项数据为：

• 每年度每 1000 户家庭发生入室盗窃案件的数量。

• 每年度每 1000 户家庭由于入室盗窃犯罪产生的损失。

• 收入指数（由五个主要的因素构成，分别为依靠纯收入生活的家庭数、依靠求职津贴生活家庭数、税收抵免的家庭数、残障人士税收抵免家庭数和依靠国家救济服务的家庭数）。

- 就业指数（分别为领取失业救济金人数、领取丧失工作能力救济金人数、领取严重残障津贴人数、领取新补助的人数）。
- 工作资格在二级以下的人口比例。
- 年龄在 15 ~ 24 岁之间的人口比例。

10.2 一种周期性的脆弱性区域分析指标

在英格兰的维冈，很多人表示不清楚这些统计数据的意义并且提出需要对该指标的可靠性进行验证。为此，根据原有的脆弱性区域指标的原理我们进一步的提出了另外六个指标以便于对人口普查区域进周期性的分析。用于构建该周期性指标的统计数据包括：

- 每年度每 1000 户家庭暴力犯罪率；
- 大曼彻斯特地区火灾与救援中心每年度每 1000 户家庭的蓄意/恶意火警发生率；

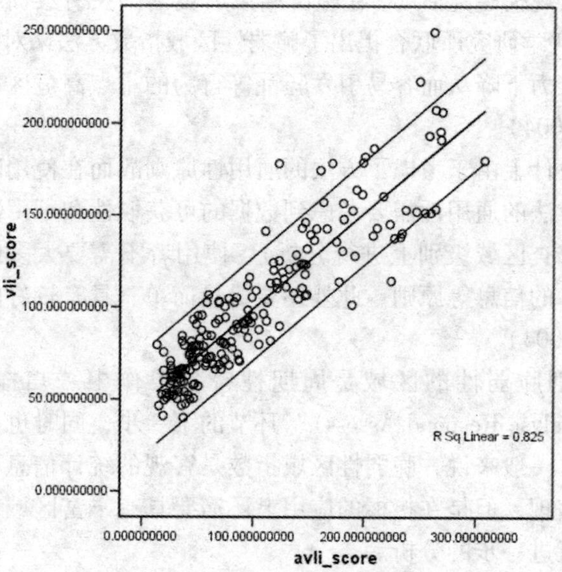

图 10.1 维冈地区的脆弱性区域指标（VLI）与周期性区域脆弱性指标（AVLI）的相关性。

- 每 1000 户家庭的缓刑罪犯比率（以上一年度统计为准）；
- 每 1000 户家庭接到的物品滥用服务次数（以上一次统计的邮编地址为准）；

• 健康下降指数（由四个主要因素构成，分别为潜在年寿命损失、疾病与伤残率之比、急诊入院与焦虑或情绪类型 60 岁以下人群）;

• 有子女的单亲家庭数量。

构建的周期性区域脆弱性指标（AVLI - Altenative Vulnerable Localities Index）目前可以用于两个方面。首先，与现有的脆弱性区域指数的相关性（图 10.1，R Sq 线性 0.825）证实了最初为了构建脆弱性区域指数所采集的统计数据的可靠性。其次，这六项统计数据能够有助于更好地了解维冈地区的高危性，能够在风险扫描过程中引起重视。

这两项指标合在一起生成一个总体的脆弱性区域指数，该指标可用于维冈地区的“高危”社区。在此工作的基础上对最初的脆弱性区域指数又做了一些改进，即在高级统计区域（SOA - Super Output Area）上进行指标计算。在有些情况下人口普查区域内包含的人口数量太少，从而导致采集的统计数据质量太差而无法用于指标计算。而在高级统计区域内计算指标可以有效避免指标的不稳定性。

10.3 维冈市的脆弱性区域

利用合并后的脆弱性区域指数，对整个维冈市进行了分析，结果发现有 32 个高级统计区域的平均脆弱性区域指数数值超过了整个维冈地区平均值的 1.75 倍以上。其实这些区域的指标异常偏高并不意外，让人感到不解的是这些区域在整个地区内的比重有些失调。(32 个高级统计区域中，有一个位于维冈市中心，但是在下面的内容中我们从对图片效果的影响角度考虑将其忽略掉了)。虽然剩下的 31 个高级统计区域内的人口仅占整个维冈地区的 15%，但是这些区域内发生的英国犯罪调查 10 种犯罪类型（BCS10 - British Crime Survey ten Comparator Crimes）却占 24%。这些区域内的犯罪率比整个维冈地区每千人 105 起犯罪活动的平均犯罪率高出 52%。尤其值得注意的是，虽然维冈地区的犯罪率从 2003 年到 2004 年间有所下降，但这 31 个高级统计区域内的犯罪活动占整个维冈地区犯罪活动的比例却有所增加（如图 10.2 所示）。

根据这一结论，再结合之前发现的这些区域犯罪的比例失调现象，我们开展了进一步的工作。在对这 32 个高级统计区域进行分析工作之前，我们又对脆弱性区域指数水平相对较低的区域分析了比重失调的现象，从中我们发现在维冈剩下的 168 个高级统计区域中有 13 个高级统计区域的犯罪率要比脆弱性区域指数水平偏高的 32 个高级统计区域的犯罪率更高一些。此外还有 9 个高级统计区域与这 32 个区域的犯罪率接近。(将这两类区域和脆弱性区域指数异常偏高的 32 个高级统计区域合并到一起后一共有 54 个高级统计区域显示异常，

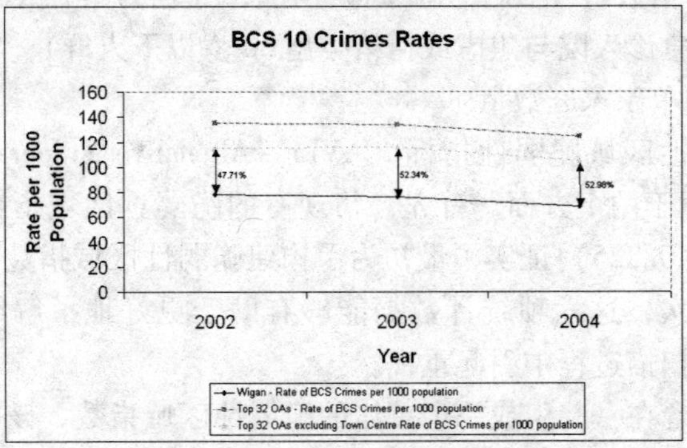

图 10.2　32 个犯罪异常高级统计区域内的
BCS10 类型与维冈地区平均犯罪率之比。

这 54 个区域虽然包含的人口只占整个维冈地区的四分之一，但发生的 BCS10 类犯罪总数却超过了一半）将这 22 个区域在地图上进行展示后可以发现一个很有趣的现象，有 21 个区域与 32 个脆弱性区域指数异常的区域在空间位置上是相邻的（如图 10.3）。

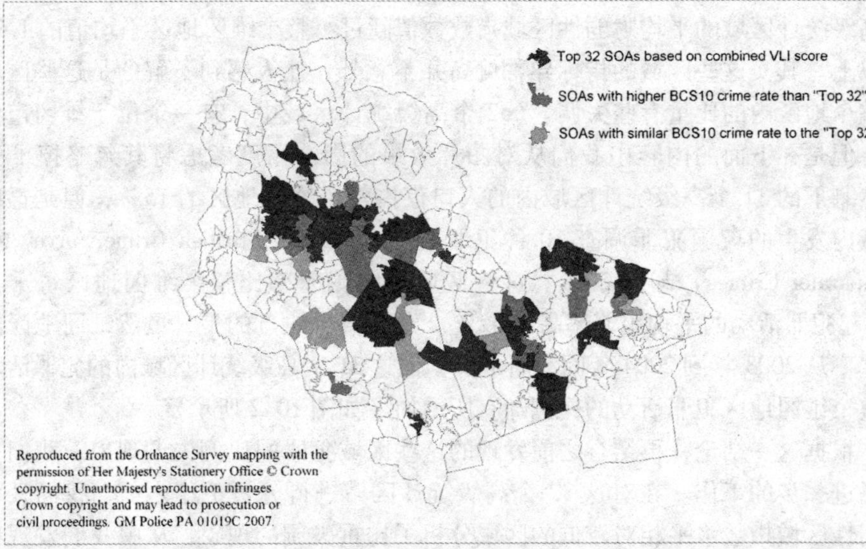

图 10.3　利用脆弱性区域指数分析得到的维冈地区 32 个异常的高级统计区域
以及其他犯罪率更高或处于相同水平 BCS10 犯罪率的高级统计区域。

这些现象使我们对整个维冈地区社会风险异常的区域和这些区域之间可能

的相互影响作用有了一些普遍性的结论。最初用脆弱性区域指数分析得到的区域被认为是维冈地区社会风险比较高并且很有可能会集中很多犯罪人口的地方。这对于在开展以管理人口为基础的治安管控提出了一些启示，比如有针对性地防止毒品扩散、有针对性地打击犯罪活动、逐步开展重点工作以及家庭援助、关注卫生健康和住房问题等。相反，那些脆弱性区域指数水平不显著但是犯罪率有很高的地区也可以在犯罪预防过程中受到一些影响，比如增加巡逻警力、出入控制、增加街道照明、提高环境卫生和绿化以及提高社区防护水平等等。

很明显的是，这些分析结论都是比较一般性的，要弄清楚每个区域内的特定犯罪问题还需要深入到社区内去进行更多的分析研究，但是这种将关注个人和关注环境问题区别看待的研究还是提供了一种有益的思路。用这种类似的手段从策略性的角度来分析区域内的问题在维冈还有很多，而且脆弱性区域指数在分析犯罪行为方面也是一个很有用的工具。

10.4 通过脆弱性区域指数分析来了解犯罪分布形态

值得一提的是，经过分析发现在维冈地区有一个区域发生的侵财型犯罪率非常高（主要为入室盗窃和机动车财物盗窃）。从区域本身来说并没有特别之处，该区域和整个维冈其他地区一样，都是平行的街道，街道上都是相互邻接的一排排房屋。但是该区域的脆弱性区域指数数值并不高（虽然也高于整个维冈地区的平均水平），这一现象促使了我们从多个角度对这一区域进行分析。紧挨着这个区域西北的是维冈地区“危险性最高”的社区之一（脆弱性区域指数排在第四位），而南面则是当地的一个闹市区（如图 10.4）。该热点地区的犯罪形态分析揭示了很多有趣的现象，但是最为重要的一个现象就是每周三会是犯罪的一个小高峰，不仅如此，从统计检验结果来看周三的犯罪高峰是显著的。

脆弱性区域指数使我们深入了解了西北部“高危”区域（也可以是我们重点关注的区域）内的犯罪问题。通过运用大量的相关指数进行分析，使我们对这些区域成为“高危”的原因有了深入的了解。首要的原因就是在当地戒毒机构登记的社区吸毒人员发病率（是整个维冈地区平均值的三倍）很高。更进一步的研究发现在该区域内只有一名药剂师能够为接受戒毒治疗的人员提供美沙酮药剂。该药剂师居住在雷镇的镇中心，而从镇中心到高危社区的主要途径就是两地之间的街道，而就在该街道附近犯罪率异常的高。除此之外，该药剂师每周只在固定一天接诊，而那天正好是周三。

在相对很短的时间内，只开展了很有限的工作，我们就围绕着犯罪热点得

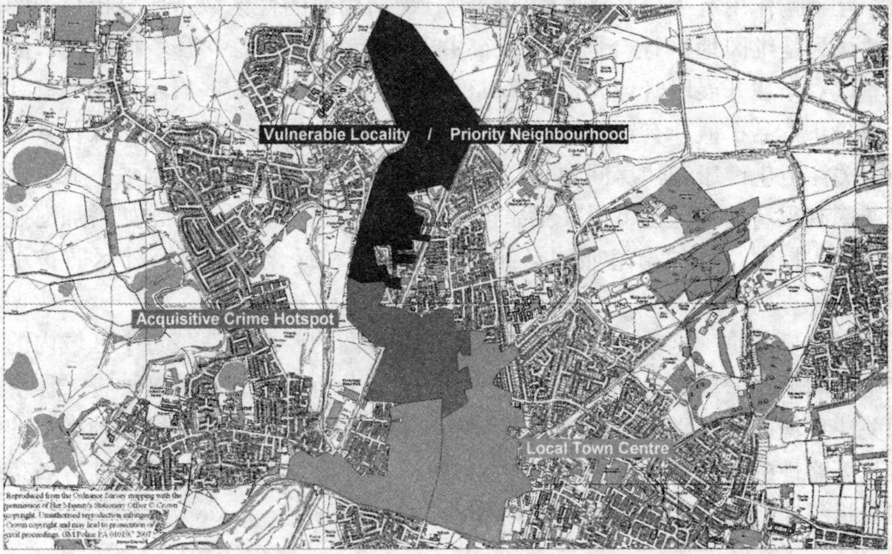

图 10.4 在脆弱性区域指数分析基础上得到的进一步结论。该案例显示了高危险性区域与其他邻接区域犯罪类型之间的关系。在该案例中，人们假设生活在高危险社区内的吸毒者是在紧邻雷镇的西北部区域进行犯罪活动的。

到了一系列重要结论，而这都是从我们对邻近的高危社区有限的了解推导出来的，包括罪犯参与吸毒、罪犯从接受戒毒治疗的人那里买美沙酮，罪犯经常往返雷镇镇中心和高危社区，在沿路上进行侵财犯罪获得钱财来支付毒资，犯罪活动主要发生在唯一能够获取美沙酮的周三，等等。

通过该结论，我们得以联合不同部门开展一系列的措施和行动。最主要的是我们能够确定吸毒者的分布范围，将美沙酮的销售分散到不同的日期里，这样有购买美沙酮需求的罪犯就无法确定在哪一天才能买到药品。重新规范犯罪热点附近警员巡逻的频率和时间范围，在每一个发生过犯罪的街巷动员人们安装出入控制设施。在此过程中，在整个维冈地区范围内开展的目标保护项目与建立受害者和证人服务机构也相应在该区域进行了部署。

所有的这些措施最终目的是减少该区域内的入室盗窃与机动车财物盗窃犯罪。而且自从开展犯罪分析工作之后该区域内的犯罪率在两年内保持在较低水平。一般我们认为经过努力之后该区域内的入室盗窃犯罪已经得到了有效的遏制。除此以外，由于入室盗窃犯罪的区域热点效应对整个维冈的犯罪率也具有很大的影响，因此该类犯罪水平的降低也对整个维冈地区入室盗窃犯罪的控制起到了重要的作用。

但仍然需要注意的一点是，经过综合治理之后，入室盗窃犯罪转移到了高危社区，并且我们发现在整个区域内机动车财物盗窃犯罪率有所升高。这表明虽然我们对入室盗窃犯罪热点的治理取得了很好的效果，但也迫使罪犯可能会在他们更熟悉更不容易被人发现的更小的范围内进行犯罪。此外这也表明了如果罪犯跳出该“保护区”进行犯罪的话，他们会选择风险更小的犯罪类型，比如机动车财物盗窃。这成为了该区域面对的又一个重要挑战，同时也是在高危社区内进行短期的综合治理并且治安出现好转后出现的需要长期重视的另一个问题。

10.5 发展脆弱性区域指标体系支持城市发展和社区警务

自从2005年开始在维冈地区进行脆弱性区域指数分析以来，该项工作已经取得了很多进展，同时其他很多相关社会安全部门也纷纷借鉴该方法来对所辖区域的社会问题进行分析、研究。同时大量丰富的信息数据对于旨在利用社区重建基金来进行高危社区分析的当地行政部门也是非常有帮助的，此外其他部门（如教育等）所认定的高危区域并针对问题区域要开展的工作对整个地区的社会治理都是非常有益的。

此外，脆弱性区域指数分析也带来了社区警务的开展，这项工作对于如何在最为需要的地方开展多部门协同合作以及多部门联合执法起到了至关重要的作用。一些新方法，例如旨在就犯罪和非法活动进行咨询的关键人员网络（KIN－Key Individual Networks）在脆弱性区域指数分析工作的基础上也发展了起来，这些方法将作为一个系统性的工具在社区联合管理上发挥更大的作用。

10.6 致谢

本文作者在此向维冈地区议会的研究合作者 Paul Whitemoss 和研究分析师 Karen Pennington 为本案例提供的材料表示感谢。

10.7 参考文献

Centrex（2006）*Briefing paper on Neighbourhood Policing and the National Intellience Model.* Wyboston：Centrex.

Chainey, S. P.（2004）Using geographic information to support the police response to community cohesion. Paper presented at the *Association for Geographic Information Conference*, 12－14 October, London

11 减少社区的二次犯罪：基于地理信息系统的大曼彻斯特地区罪犯策略性分析

David Ottiwell

11.1 背景与前言

该案例讲述的是大曼彻斯特警察总局的一个分析小组在一个国家性的协作商业模型中开发罪犯信息分析技术的过程。本文介绍的工作最早始于2005年春季，当时只覆盖到乡村，经过了2006年发展至地区级，现在已经成为了日常工作的一个重要组成部分。

通过回顾过去可以看到，该分析工作并不是单单由协调会议或各部门协商达成一致所发展而来，而是通过大量的基于GIS的罪犯策略分析的需求而来，包括：

- 减少二次犯罪的全国目标；
- “新地方性”和“区域画像”的学科扩展；
- 各协作部门提供的丰富信息和大曼彻斯特地区在GIS方面的优势。

对该工作特别重要的一个影响就是2005年2月出版的一个当地政府联合报告《直视未来》。该报告通过列举单独依靠司法体制来教化罪犯的不足以及罪犯二次犯罪的主要原因等阐释了当地政府未来在减少二次犯罪方面所要做的工作。从该报告中摘录了一些重要的信息如下：

当地政府应当考虑一下可以利用哪些机会来预防犯罪的发生以及如何有针对性地开展行政服务来减少二次犯罪，例如住房（包括福利性住房）、教育、社会服务、就业（包括创业）、社区发展与重建、休闲，以及社区安全，诸如此类，来开展有效的犯罪预防或针对特定类型罪犯的应对措施（LGA，2005）。

根据以往全国性的减少二次犯罪方面的工作，在社区一级区域上共有7种教化罪犯的方式（住房；教育、培训和就业；心理与健康；吸毒与酗酒；经济收益与债务；孩子与家长；态度、思考与行为）。从本质上来讲，开展重要的社区服务必须要以事实为依据，还要与分析中得到的当地社会安全需求结合起来。但是，《直面未来》（LGA，2005）这份报告并没有解释哪些独特的信息资源能够用于当地的社区安全需求评估。

大曼彻斯特地区情报分析小组认为，在协作机制的框架下所共享的信息可以用于分析在空间层面上哪些风险性因素会影响到二次犯罪，而不是以个体为基础的犯罪分析。尤其值得一提的是，由一些犯罪司法机构如国家缓刑服务和青少年犯罪研究小组（YOTs - Youth Offending Teams）所采用的罪犯风险评估工具为本工作提供了关键性的数据资源。此外，如果从不同的目的来看，对大量的罪犯进行综合性的风险评估也能够从空间地理的角度对罪犯的空间分布和协作资源的空间需求进行一个宏观的态势分析。

11.2 应用、检验与分析

11.2.1 分析方法

该分析工作从三个主要方面展开：

- 基于住址信息的罪犯活动与犯罪风险分布；
- 对每一个重点关注的罪犯类型（吸毒者）进行基于罪犯住址的空间分布分析；
- 建立社区问题协作应对机制，该机制能够显示出哪些社区的二次犯罪风险因素适用于青少年。

每个领域相关联的分析方法均有所不同，但是每一个都和两个关键前提有关：

- 能够获得缓刑服务机构和青少年犯罪研究机构的数据；
- 能够对罪犯的数据进行空间编码。

11.2.2 获得缓刑服务机构和青少年犯罪机构的数据

经过努力，大曼彻斯特反犯罪机构（GMAC - Greater Manchester Against Crime）从国家缓刑服务机构在大曼彻斯特的分支部门和当地的青少年犯罪研究部门获取了详细的信息数据。在协作体制下还应用了英国警方的国家情报模型（NIM - National Intelligence Model），更为关键的是，还与几个重要的数据提供方达成一致，他们会持续不断地将数据发送到安全中心服务器上的一个数据仓库中。在大曼彻斯特地区下属的 10 个辖区内，任何一个位于当地安全机构的社区安全小组或位于指挥中心的专业犯罪分析师均可以远程获取这些数据。

在缓刑服务机构方面，大曼彻斯特反犯罪机构将特定的数据共享责任分派给了大曼彻斯特市政协会（AGMA - Association of Greater Manchester Authorities）。该机构拥有的一项责任就是每季度从缓刑服务机构获取一些敏感数据然后根据一个达成的大曼彻斯特反犯罪机构数据共享协议创建一个半去个性化的数据子集，并将其添加到中央数据总站中。与此同时，大曼彻斯特市政协会保留一份敏感数据的副本，但该数据不能用于共享，只能在签署的一项服务于特殊工作的协议下使用。缓刑服务部门提供的数据是一份完整的电子版罪犯评估系统数据（OASys - Offender Assessment System data）。罪犯评估系统是由缓刑和监狱服务部门联合开发的一个风险评估与决策规划工具，该工具主要是用来辅助人们对犯罪有关的工作需求进行识别和分类。总体上看，提供的数据集囊括了与二次犯罪风险有关的 12 个部分，包括与伤害和脆弱性有关的风险变量，还有很多其他的组成部分。整个数据集一共有大约 600 个数据项，最后经过整理还剩下大约 100 个数据项。

目前在大曼彻斯特反犯罪机构内开展的另一项工作就是为大曼彻斯特所有的辖区建立一个安全的青少年犯罪数据集。虽然现在工作还没有完成，但是已经在一些辖区部门取得了进展，一些分支机构内的分析师们已经获得了直接或间接的授权来访问青少年犯罪研究部门的案例管理与风险评估系统。青少年犯罪信息系统（YOIS - Youth Offending Information System）是提供给全国青少年犯罪研究部门的一个软件工具。在本案例中，根据协议（也是一个详细的数据共享协议），犯罪与非法活动减少协作机构可以访问 ASSET 的风险评估数据，从而使青少年犯罪预防工作与成人犯罪研究保持同步。ASSET 风险评估与罪犯评估系统有着类似的研究方向（如居住、家庭与社会关系、教育、物质滥用），但是在计算风险的分值方面原理更简单一些。

11.2.3 罪犯数据的空间编码

基于 GIS 的分析就是用罪犯的家庭住址来挖掘风险因素与犯罪倾向性等信息。通过将数据库中的完整家庭地址邮政编码导出到 MapInfor GIS 中然后通过一个称为 Code - Point 的矢量文件为其添加 x 与 y 坐标。Code - Point 是一个军事测量产品，主要用来为英国境内的每一个邮政编码地址提供精确的地理参考。在地方制图服务协议的基础上，地方警察部门和政府部门获得了该产品的使用权。由于该工作是偏战略而不是战术性的，因此如果一个邮政编码区里面只有 12 ~ 15 个住户的话，编码的精度将会非常精确。本案例的分析结果邮政编码区的匹配精度一般都在 90% 以上。但是也存在少量的问题，主要是在政府部门登记的罪犯没有固定住址，或者那些处于监管或取保候审的罪犯在社区中没有固定居住场所。

11.2.4 对重点罪犯进行地理标绘

我们开展的基于 GIS 的重点罪犯分析的第一个成果就是用一种比以前更有意义的方式来表示重点罪犯家庭住址的空间分布。与以往根据国内治安分区用专题图来表示重点罪犯的数量的方法不同，我们不考虑行政区域的界定，而是用核密度估计来显示家庭住址的密度分布。这对于那些不熟悉警察辖区是如何分布的犯罪与非法活动预防协作机构的成员部门来说是比较方便的，他们可以直观地看到这些数据在空间的分布状况，并且利用该方法可以辨识出曼彻斯特市中心边缘以及曼彻斯特和索尔福德偏远地区的贫困社区。

获得了重点罪犯人员住处的精确空间数据以后，可以方便地在被犯罪预防协作组织所认定的重点区域内显示这些罪犯的异常居住情况，这对于整个工作十分的重要。大曼彻斯特犯罪预防协作机构成员以脆弱性区域指数（Chainey, 2004）为基础工具来辨识高危社区，分析表明：当前超过五分之一或者过去四分之一的重点罪犯分布在协作机构所认定的4%的高危地区内。这表明如果协作部门要将大部分资源投入到占总面积16%的高犯罪率区域的话，很有可能就是投入到这些高危区域中，因为从2004年9月起超过半数的罪犯都集中在这里。

虽然在大曼彻斯特反犯罪机构的数据总站上提供的协作数据都已经去掉了所有的特征标识，但是对重点罪犯进行空间风险标绘的重点还是要将重点罪犯记录与参考编号的缓刑数据进行对比，这些数据的编号参照的是警察国家计算机编号（PNC－ID）数据库。数据共享计划也反映了这一点，而且大曼彻斯特反犯罪机构分析人员在合理的数据使用上也经过了培训。一旦两个数据库合并，人们就可以在邮政编码区域一级的风险评估工作基础上开展分析了。整个重点罪犯的数据显示，49%的犯罪人员有居住问题。这一问题已严重到了足以促使其甘愿冒更大风险二次犯罪，相对来说，存在教育、培训和就业方面问题的比例是85%。然而，这一信息在局部地区的问题定义和选择可能的应对策略上并不是非常有用。分析人员能够利用这些地理信息数据所做的就是选出几个罪犯的聚集区（如，维森肖、莫斯赛德与戈顿）然后确定哪些区域可能会突发意外事件，然后对罪犯可能的需求进行评估并绘制地图，以便于当地的重点罪犯分析小组来确定应对重点罪犯的措施。

11.2.5 辨识当地的毒品市场

除了重点罪犯以外，对于分析团队来说缓刑风险评估信息也可以参照协作机构的需求对整个大曼彻斯特地区的罪犯人口进行地理标绘。这项工作正是当前大曼彻斯特地区警察部门内部开展的一项行动，即开展第一次的综合全面的A类毒品犯罪地理标绘——标绘与吸毒有关的罪犯、罪犯网络、毒品市场、犯罪司法干预（强制检测等）和处置措施等。

首先是对缓刑服务部门在过去十二个月所评估的成年罪犯进行检查。被评估为在当前或过去曾经有过不正当毒品滥用记录的罪犯数据会被提取出来，然后利用核密度估计法将罪犯的家庭住址进行聚类分析。核密度估计的输出结果可以通过PPT放映来显示不同制图结果之间的差别：男性吸毒者的热点与女性吸毒者热点的对比、吸食海洛因人员和吸食可卡因人员的热点对比、注射吸毒者的热点分布、多种毒品吸食者的热点分布、吸毒者高风险热点地区（二次犯罪或严重暴力伤害的风险）。总的来说，该分析工作能够利用新的解决方案将整个地区已知的毒品市场全部标绘出来。通过对侵财型犯罪热点和高危社区进行策略性分析，吸毒者、罪犯和受害者之间相互作用关系就可以推导和总结出来了。

11.2.6 风险因素的社区标绘

罪犯数据在策略性分析的第三个应用领域为社区风险制图。在警用犯罪数据不足以全面反映犯罪与非法活动分布特征的条件下，在一定的空间环境下利用青少年罪犯风险评估数据分析是反映社区风险分布的一种很重要的手段。警察局长联合会对于社区警务问题发布的指南中就明确提出应当将 2001 年以来的地理人口统计数据和商业数据结合起来应用一般性的国家情报模型方法来研究社区问题，因为社区的日常运行情况能够反映出犯罪变化的趋势，同时社区信息也是一种常规但很重要的情报来源。现在，大曼彻斯特反犯罪机构已经利用缓刑服务机构的数据根据相关罪犯的活动特征探讨了小范围内的社区风险分布。

这项工作是在大曼彻斯特的一个犯罪与非法活动预防协作区域内开展的。之所以选择这个区域是因为该区域对预防犯罪协作社区警务如何能够有效地与青少年犯罪风险分析结合有较大的需求。为此我们将一个为期三年的 YOT ASSET 风险评估结果绘制在相关问题青少年的家庭地址上。通过给每个青少年犯赋予“安全社区范围（一共有 33 个）”，对大约 1000 名罪犯绘制了一个风险地图。

因为并不是所有的社区都有青少年犯，所以最后决定只用青少年罪犯数据来对 6 个根据犯罪记录和反社会行为所确认的高危区域来进行风险制图。这几个区域同时也是青少年罪犯数据中青少年罪犯数量最高的区域。对每个社区（每个社区至少有 75 个罪犯），通过计算来确定当地青少年犯在人口中的比例。这些青少年犯都经过了 12 项不同风险因素的指标评估，并且均具有一定危险性。因此，比方说，可以确定出在一个特定的社区中大约集中了 70% 的青少年犯（大大高于整个地区的平均水平）具有“思考和行为”相关的特征，这项特征被认为是与二次犯罪行为具有很强的关联性。另外两个被认为能够反映出青少年犯二次犯罪的特征是“家庭与个人关系”。由此，风险制图也颠覆了以往关于青少年犯滥用毒品会形成二次犯罪的一些看法。

11.3 结果与需要注意的一些问题

本案例中的分析结果在社区警务方面都是策略性的，并且具有较强的可操作性。与 A 类毒品犯罪相关的分析结果已经被大曼彻斯特反毒品工作所采纳，同时也大大提高了预防犯罪协作机构部门对毒品交易市场的了解，因此有助于这些部门在当地的禁毒行动中合理规划各部门的战术措施。在维冈，利用缓刑罪犯数据开展的工作包括基于高危险性吸毒者的日常活动和在市中心区域的犯罪路径检验其家庭住址，同时也在下一步的问题解决上引发了部门间的讨论。在博尔顿，青少年犯的分析已经引发了有针对性的管理措施来引导青少年犯进行“积极的社会改造”。这项工作也被当地部门作为一个很好的范例用来向社区重建基金申请经费。此外，一些部门还在如何使政府机构掌控的资源和施政服务目的相结合以更好地满足区域需求方面引发了广泛的讨论。

但不可否认的是，在数据系统的接入，尤其是与青少年犯罪和青少年犯罪信息系统功能（这两个作为案例管理工具和风险评估知识库）接入上还存在着问题。有时用于犯罪预防的数据还面临着与判决和青少年隐私相关的敏感性等问题。本工作的下一步要解决的问题就是基于空间现有资源来进行罪犯数据的空间分析。

11.4 参考文献

Chainey, S. P. (2004) Using geography information to support the police response to community cohesion. Paper presented at the Association for Geographic Information Conference, 12 – 14 October, London.

LGA (2005) Going Straight – Reducing Reoffending in Local Communities (online). London: Local Government Association. http://www.lga.gov.uk/Documents/Publication/goingstraightfinal.pdf

[illegible]

[illegible]

参考文献

[illegible] (2009). [illegible] geographic information to support the police [illegible] community [illegible] presented at the Association for Geographic [illegible] Conference, 12–14 October, [illegible].

[illegible] (2007). [illegible] Strategic [illegible] Local Communities [illegible] London: Communities and Local Government [illegible] [illegible] pdf.

第四部分

可视化督查和调查数据与犯罪制图系统的集成

12 社区安全制图在线系统：利用调查数据来确保制图的可靠性

Steven Rose

12.1 前言

近来，英国政府在安全政策上的一个转变就是要从社区安全的角度出发让警察与犯罪预防协作机构承担起公众安全的责任，因为只有公众安全才是社区安全的最终目的（Home Office，2004，2005）。如果公众对社会治安现状仍然感到有些不满或感到有些恐惧，即使减少更多犯罪的发生也是无济于事的。这项政策上的变化也得到了警务部门的支持，即如何在不断降低的犯罪率和进一步提高对犯罪与非法活动问题的关注之间取得平衡？公众安全的一个核心问题其实就是“信号”理论（Innes，Fielding，2002），即有些犯罪、非法活动和其他事件会对公众造成影响并会对公共安全和警务工作造成负面作用，这类事件对公众的安全感有着十分重大的影响，例如涂鸦、破坏公物、废弃车辆、街面上布满垃圾和不良少年等，这些都会对公众造成一定的焦虑。根据英国西米德兰地区伯明翰市做的一项调查显示，36%的被调查者认为“问题少年”是社区安全的最不安定因素，紧随其后的是破坏公物和涂鸦行为，占29%。

本案例将详细地介绍一个以伯明翰开展的两项社会调查为基础的分析研究项目，该项目主要研究基于感知和环境质量以及如何创新性的利用社区安全在线制图系统（COSMOS - Community Safety Mapping Online System）来对一定范围内的公众安全感进行制图，并且介绍了在制图之后如何利用制图结果对造成公众安全恐惧的关键性因素进行分析以及如何在社区一级社会区域内有效地改善公众的安全感。

12.2 社区安全制图在线系统

社区安全制图在线系统是一个为伯明翰社区安全协作机构创建的网站，该网站后来成为了伯明翰和西米德兰地区犯罪预防协作机构的联系中枢。该系统通过标准报告的形式提供了多个机构部门数据的接口以及应用十分便利的制图与分析工具。这些数据都是按照标准的部门辖区为单位提供的，能够便于数据信息的比较分析，同时还能保持最大限度的灵活性。该网站作为一个强有力的工具能够保证协作机构的日常工作和信息的共享。通过与犯罪与非法活动预防机构及其相关分支部门（CDRP - Crime and Disorder Reduction Partnership）的沟通，社区安全制图在线系统不仅仅是一个很好的分析工具，同时也非常符合终端用户的想法。其目的就是要让决策者能够在几个简单的操作动作之内就能获得关键的协作机构信息。此外，社区安全制图在线系统成功的一个重要原因就是协作机构的分析师团队，该团队是伯明翰社区安全协作机构在其内部的信息与情报部门建立的一个组织，在这里，用来分析的资源与社区安全制图在线系统提供的管理信息是均可以获得的。通过社区安全制图在线系统确定详细的分析需求或者问题的解决方案，随后为信息与情报部门提供技术支持。总而言之，社区安全制图在线系统模型与信息和情报部门的结合为犯罪与非法活动预防协作机构提供了一个整体性的方法来实现其策略性的目标（要了解更多关于社区安全制图在线系统的信息可翻阅 Chainey 与 Smith 在 2006 年发表的著作，或者访问以下链接：http：//www. jdi. ucl. ac. uk/ho_sharing_network/sharing_systems/indx. php）。

12.3 衡量公众的安全感

为了对公众的安全感有所衡量，西米德兰警察局开展了一项旨在评估一些治安关键要素的家庭调查，调查内容包括：

- 公众对犯罪的恐惧感；
- 社区的凝聚力；
- 执法部门提供的服务。

这项名为“感受不同”的调查活动迄今为止已经开展了 10 次，每次大约有 5000 名民众参与，到目前已经收集了超过 50000 份调查结果。调查过程能够实现民众社会安全感随时间变化的评估，由此才能开展结果分析并确定出民众社会安全感的变化。这些调查在西米德兰警察局的 21 个作战指挥单元（OCU - Operational Command Units）中分别进行，这样有利于人们在不同的单位之间进行横向的比较。但是关键的问题是在社区层面上还没有可供利用的调查结果分析方法，这对于在基层工作的人们来说是一个很大的局限。而在开展了社区警务和社区管理之后，引进这些珍贵的资源显得更为迫切，因为只有对于当地社会安全感的问题具有充分的了解才能够使调查活动具有更多的实际价值。

为了克服调查只能在作战指挥单元上而不能在更小的空间单元上进行的不

足以及为了给实际工作带来更多的数据资源，我们使用了社区安全制图在线系统。为了能够在局部地区进行制图，我们使用一个区域人口统计调查工具（CACI 解决方案中的 ACORN）来对调查结果进行推断，该工具能够用来设计被调查者的倾向性以使其能够以一个给定的方式来回答调查问题。每一个邮政编码区域都被赋予了一个 ACORN 类型分类。该分类规则是基于不同的个性特征将人群分为若干个组并从中提取大量的社会人口数据而建立的（更多信息请参见 http：//www. caci. co. uk/acorn/）。一个典型的例子就是 ACORN 中有一类叫“企业高管”，这些人大部分是企业领导、拥有较大的舒适的住房并且经常在冬季去滑雪。可以看到的是，将被调查者的调查结果与他们的 ACORN 类型相匹配的话，能够看出不同群体之间明显的行为差别。如果回到“企业高管”这一群体，从中可以发现作为伯明翰的一个社会群体他们普遍认为他们生活的区域是一个“和谐社区”的可能性是全市平均值的三倍以上。这样一来，在邮政编码区（通常有 15 个住户）内开展社会安全感调查就可行了。通过观察一个社区内不同的邮政编码区的所有类型，人们就能够计算出在一个给定方式上回答调查问题的倾向性特征。现在我们就能够看出在不同社区之间关于社会安全感的一些细微差别。

在伯明翰应用这一类信息的一个典型案例如下。通过社区安全制图在线系统，我们根据调查结果选取了一个特殊社区，该社区内居民在调查结果上显示出对于“来自不同文化背景的人能够在该社区内和谐相处”这一观点的认同性很低（图 12. 1）。将该信息与其他情报和数据源综合到一起显示出该社区对民族主义的政治团体有着较大的支持度，并且该区域还是一个罪犯和痛恨犯罪的受害者（主要与种族和宗教动机有关）比较集中的热点区域。从中可以清楚地看到，将基于社区安全制图在线系统提供定性信息的社会调查与可靠的定量数据结合在一起能够提供有力的证据来帮助人们从社区凝聚力的角度来确定出哪些社区需要重点关注（更多关于 COSMOS 的信息请查阅 Chainey 与 Smith 于 2006 年撰写的强势或访问 http：//www. jdi. ucl. ac. uk/ho_sharing_network/sharing_systems/indx. php）。

12. 4　可视化治安环境督查

为了对治安环境质量进行定量评价，伯明翰市政委员会实施了 ENCAMS 计划（更为人们熟知的是“维护英国社会秩序”）来达到对城市进行综合的可视化治安环境督查。人们发现只有对调查结果进行制图的时候这些结果才会具有更大的价值，而在社区一级区域上进行制图和公众安全感调查没能使这些珍贵的情报信息实现充分的利用。ENCAMS 通过与伯明翰社区安全协作机构合作设计了一种方法通过利用社区安全制图在线系统来对调查结果从空间的角度进行分析。

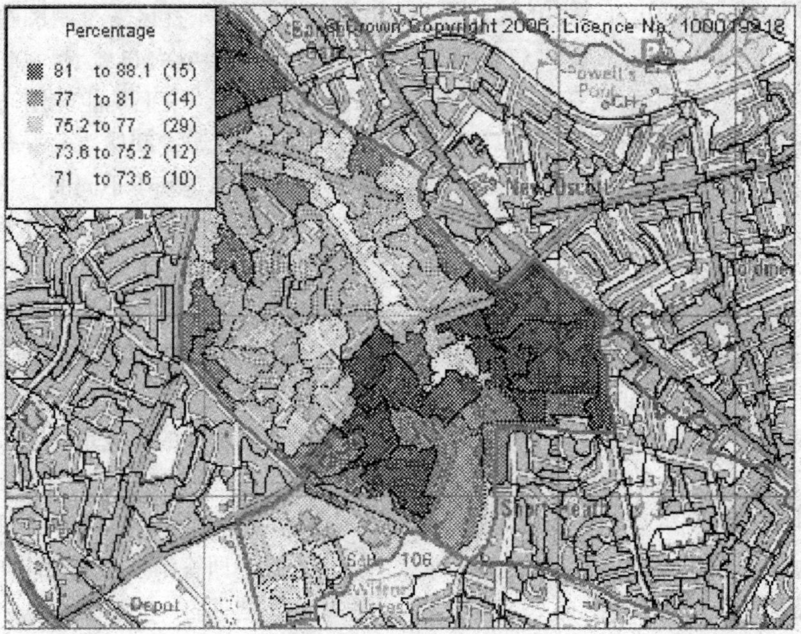

Survey - Feeling the Difference
Agree live harmoniously
by Census Output Area

图 12.1 基于伯明翰所开展的"感受不同"社会调查的制图结果，图中显示了生活环境较为"和谐"的社区分布。

可视化治安环境督查（EVA – Enviroment Visual Audit）由一个伯明翰治安环境恶化和重大事件的视觉指标的综合调查组成。ENCAMS 独特的区域环境质量调查（LEQS – Local Environmental Quality Survey）标准质量区间方法对治安环境质量的评价能够显示出被评对象治安环境从好到差所对应的不同水平。数据沿着城区的 50 米断面进行采集以便于能够确保不同的地域类型都能有代表性的样本。ENCAMS 研究已经表明地域类型是环境监测的一个至关重要的部分，因为地域类型是治安环境质量的一个很好的预测指标。发生重大事件和治安环境恶化的地方最后都会具体落在一个特定的地块中，并且地块附近具有相似地域功能的区域会有很大的可能性发生相似的治安问题。换句话说，在一个高密度住宅街道得到的环境质量调查数据很可能与附近的高密度住宅社区得到的调查结果相同。这些结果提供了一个反映治安环境质量问题的简单描述，在此基础上可以作为工具为治安和多部门应急响应提供决策支持。

对于协作机构部门来说要想有效地进行策略性决策支持和资源调配，关键是能够将结果进行制图展现并在当地社区一级区域上分析环境质量问题。EVA

结果的一个启发就是可以利用地域类型来作为环境质量的一个预测指标。这样一来人们就可以通过对结果进行制图来显示伯明翰所有社区的重要犯罪和环境恶化问题，同时也避免了对全城进行治安环境督查所带来的庞大工作量和工作成本的问题。现在，人们在分析社区问题时只需要轻点几下鼠标就可以利用测量图（该工具能够通过一系列的指标来对一个区域生成可视化很强的治安环境质量地图）一类的制图工具来对治安环境质量进行制图和检索分析。

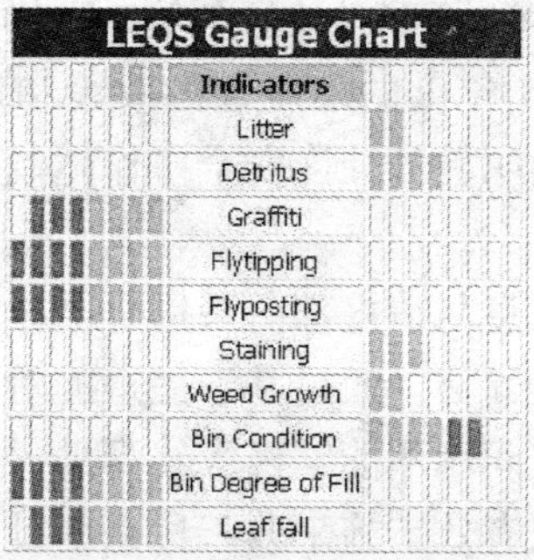

(a)

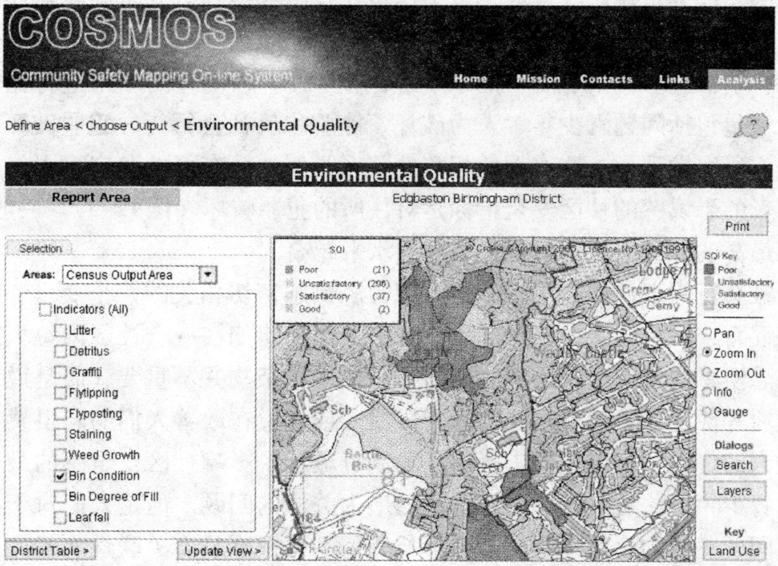

(b)

图 12.2　治安环境质量的可视化督查结果（a）测量表展示（b）地图展示。

12.5　结果的实践应用

两项调查所获得的重要数据为警察部门更好地提高社会安全感提供了坚实

的基础。其中关于调查数据的使用方面一个具有代表性的范例就是伯明翰社区安全的策略性评估。策略性评估就是收集相关的信息来对发生安全问题的社区进行分析评价。在此之前，要从整体的角度获得犯罪和非法活动数据及其相关的一些软性因素譬如犯罪恐惧和环境恶化等是非常困难的。现在通过社区安全制图在线系统的变革，人们已经能够分析事件热点和社区安全感之间的相互关系了。在伯明翰，我们能够列举出一系列具有跨部门社区安全重点问题（比如在社区范围内的公共安全感）等重点社区名单。这样一来就可以有更进一步的证据来辅助制定2005～2008年度的宏观性的政策和伯明翰社区安全协作战略的绩效管理。随后又会在伯明翰的社区安全协作体制内反馈给各个任务部门和合作单位。

伯明翰社区安全协作信息与情报部门采用一个社区安全综合指数来对整个城市的关键地段和问题进行评估。通过基于民众的对安全度的感知与治安环境调查数据结果对当地进行空间制图能够极大地帮助人们了解民众安全恐惧感背后的作用机理以及如何采取有效措施来改善民众的社会安全感。目前策略性评估过程的一部分工作已经完成，该工作旨在找出哪类社区安全问题与社区的公共恐惧感最相关。这项调查包括了一个针对性的问题“成为犯罪活动的受害者你有多害怕?”随后人们用一系列的变量来与恐惧感调查的结果进行比较，这些因素变量包括问题青少年、人为破坏、涂鸦、反社会行为、犯罪破坏、街头破坏等。研究发现了一些有趣的相关性关系，例如最有可能对应于人们成为犯罪受害者的恐惧感的社区安全指标是对住所的犯罪破坏（图12.3）。一般来讲，恐惧感最高的社区发生住所犯罪破坏的水平越高。

反社会行为事件的数量也是与人们的恐惧感密切相关的一个变量。有趣的是一些谣言或混淆视听的传言倒是十分的突出，比如在一个社区内垃圾杂物的数量与恐惧感的相关性就不大。但并不是说垃圾杂物并不重要，而是说垃圾杂物对犯罪等活动并不构成重要的影响机制，或者说在改善人们的恐惧感方面起不到太大的作用。在伯明翰进行的一项调查显示：影响社区安全感的最大问题是不良青少年。这也是人们一贯罗列的最为关注的问题。但是人们对于社区不良少年问题感觉的严重性程度却并不与人们的恐惧感具有关联性。就凭这一点而言，社区内严重的不良少年现象并不会自动使人们产生恐惧感。由于几乎所有的社区都把不良少年现象视为安全隐患问题，所以将这一点作为社区安全问题的因素变量无法确定出哪些社区具有较大的安全需求或者哪些社区的安全感最急需改善。问题的关键不在于不良少年本身，而在于不良少年所做的事情，即住所犯罪破坏和反社会行为。伯明翰地区现在已经对哪些社区有着较强的恐惧感有了清晰的认识并且已经能够采取行动来有效地提高社区内的安全感。

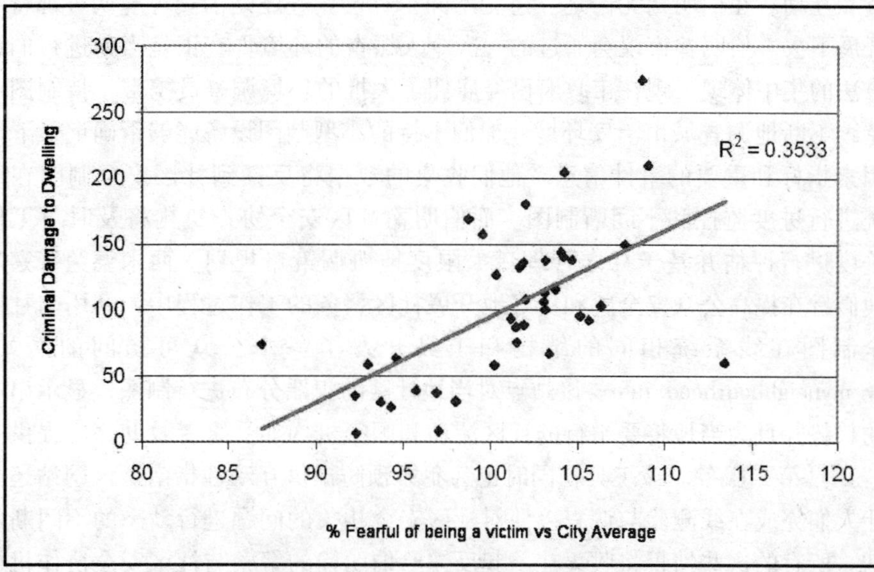

图 12.3　伯明翰市社区犯罪破坏与人们对成为犯罪受害者恐惧感之间的关联性分析。

12.6　项目评价与下一步的工作。

调查结果显示出伯明翰地区的犯罪恐惧感有了显著性的下降。表 12.1 显示了基于伯明翰的绩效评估指标针对三类重要的社会安全感所进行的改进效果，这些改进都是从安全感和不同背景的人们能够在他们生活的社区内融洽相处的角度来提出的。

表 12.1　西米德兰地区伯明翰市进行的“感受不同”调查结果

调查问题	1－4 次回答“安全”的百分比	8－11 次回答“安全”的百分比	变化（%）
白天在你所居住的社区进行户外活动时是否感到安全?	89.4	94.0	+4.6
夜间在你所居住的社区进行户外活动时是否感到安全?	55.2	61.0	+5.8
你在多大程度上认同在你所生活的社区内不同种族和背景的人能和谐的生活在一起?	81.3	92.0	+10.7

要更好地了解社区内人们的社会安全感需要警察持续不断地深入社区进行

调查和互动。在伯明翰无论是“感受不同”社会调查还是治安环境调查都将继续开展下去。伯明翰市议会通过的一次令人振奋的环境督查正是当前进行的调查方法的集中体现。现在市政府已经雇佣了大批的环境调查员携带手持制图设备持续不断地调查城市治安环境，他们手持的小型制图设备能够精确记录下环境因素指标和重要的事件信息。他们收集的数据将反馈到社区安全制图在线系统进行进度监控和不间断制图。而伯明翰社区安全协作机构将及时对工作的进度进行评估并基于社区管理最大限度地协调策略规划。西米德兰警察局在他们旨在提高公众安全感和更好地开展社区警务的工作过程中，利用与社区安全制图在线系统相同的结构和工具开发了一个公众可访问的网站：www. myneighbourhood. info。该站点对当地社区的犯罪分布进行制图，显示出犯罪的趋势并且为当地将要举行的社区活动和国家机构如受害者救助部门提供一种“工具箱”服务。该工具箱同时也为犯罪预防提供互动性指南。该网站还能够让人们完成在线测验与调查以便对社区安全相关的问题进行动态的不间断的评估。所有的这些情报将收集在一起反馈给伯明翰的警察与社区安全协作机构的情报分析和解决部门。

图 12. 4　伯明翰社区安全协作机构的“我的社区”网站，该网站能够为公众提供当地的犯罪统计情况。

12.7 参考文献

Chainey, S. P. and Smith, C. (2006) *Review of GIS – based Information Sharing Systems*. London: Home Office.

Home Office (2004) *Confident Communities in a Secure Britain*. The Home Office Strategic Plan 2004 – 2008 (online). London: The Stationery Office (CM6287). http: //www. archive2. official – documents. co. uk/document/cm62/6287/6287. pdf [Accessed 14 June 2007]

Home Office (2005) *National Policing Plan* 2005 – 2008 (online). London: The Stationery Office. http: //police. homeoffice. gov. uk/new – and – publications/publication/national – policing – plan/national – policing – plan. pdf [Accessed 14 June 2007].

Innes, M. and Fielding, N. (2002) From community to communicative policing: 'signal crimes' and the problem of public reassurance. *Sociological Research Online* 7 (2). http: //socresonline. org. uk/7/2.

13 对犯罪恐惧进行制图——应用于伦敦默顿区的一种方法

Chris Williams

13.1 前言

近年来，减少民众对犯罪的恐惧感已经成为了英国社会政策的一个重要组成部分。最新的国家社区安全规划将减少民众的犯罪恐惧感写入了核心工作中："政府在 2006 ~ 2009 年间优先关注的是要继续地发展、评估和传播能够有效减少犯罪活动和民众的犯罪恐惧感的事务"（Home Office，2005）。

一般认为，人们对犯罪的恐惧感主要是"感觉随时随地会被非法活动侵害，而不是在遭遇到犯罪时所形成的恐惧"（John Howard Society of Alberta，1999）。自从 1997 年以来，英格兰和威尔士地区的犯罪率下降了 35%，人们满以为犯罪的恐惧感也有所下降了，但事实上却并非如此。

在伦敦南部的默顿区，根据 2004 ~ 2005 年度的默顿年度居民社会调查（TNS Social，2005），当地居民对犯罪的关注度提升了 6%。虽然造成这一结果是由许多因素造成的，比如媒体报道中的大量犯罪图片、环境犯罪和所谓的重大犯罪事件的增长等等（Innes，Fielding，2002），但是一个被人忽视的原因则是实际报案数量的增长；在默顿这一数据在同一时期下降了 7.8%（Wood，2005）。正如 Innes 和 Ditton（2005）所说到的那样"在犯罪率和犯罪恐惧感之间从来没有什么联系，而且犯罪活动的减少一般很难会导致犯罪恐惧感的下降"。

这种异常现象就是被人们所称为的"安全感差距"，也是政府和警察部门致力于要解决的问题，因为如果人们感觉身边的犯罪活动日益严重他们就会认为他们选出的政府官员和警察部门没有很好地执行确保社会安全稳定的政策。

13.2 过程

正是在这一背景下，在默顿，一个由大伦敦警察署下辖区的当地警区（BCU - Basic Command Unit）和当地政府部门的犯罪与犯罪预防机构所建立的协作体（CDRP - Crime and Disorder Reduction Partnership）开始着手解决教堂地区的社会民众犯罪恐惧感问题，该地区在历史上是入室盗窃犯罪高发的地区。该地区由八条街道组成，位于一个破败的市政区域和一个地价昂贵的私人住宅区之间。

该地区曾被选中用来实施一项财产登记方案以便于降低入室盗窃犯罪的数量。由于该方案要求每个辖区内的警察都必须到辖区内的每个街道的住宅进行走访，在警察监督的情况下由每个居民填写问卷调查就能够当即精确地确定出每个住宅的犯罪恐惧感程度。最终结果是从309份住宅中获得了98%的有效反馈。但是该方法也存在着一定的偏差问题，调查每个人对犯罪的感受会对被调查人从主观上产生负面的影响，这就是所谓的“山楂效应”。但是，对于这些目标来说，内在的有效性才是关键。总而言之，我们要做的就是在教堂区的部分区域内完成一个“犯罪恐惧感调查”。

为了在定量方法的基础上作进一步的解释，我们针对问卷获得的调查结果进行了分析。虽然调查问卷收集的答案大部分都是匿名的，但我们仍然可以应用已有的犯罪制图结果对问卷中抽取出来的数据进行辅助分析。整个分析过程将在下一节中详细介绍，但是从方法本身来讲就是需要对调查问卷结论进行分析然后反馈给已有的犯罪制图结果，在此基础上对地图进行分析和解释来引导相关警务部门和其他社会安全部门采取有针对性的策略和措施。

13.3 方法

在整个教堂地区选定的八条街道我们一共发放了309份问卷调查，问卷中设计的问题主要为“你如何看待……”等，如表13.1所示。这些问题基本囊括了在以前警务会议和调查中当地居民曾经提出的一些焦点问题。其中数字1到4用来表示人们对某一种犯罪类型的关注度。每一个结果都进行加权，这样一个大问题就有3分，小问题2分，没问题为1分，最后计算其平均值。

表13.1 在默顿区设计的调查问卷，用来调查居民对他们身边的犯罪和反社会活动的感受

你如何看待……	大问题	小问题	没问题	不知道
犯罪活动	1	2	3	4
青年人的反社会行为	1	2	3	4
入室盗窃	1	2	3	4
抢劫				
偷包	1	2	3	4
汽车犯罪				

（续表）

你如何看待……	大问题	小问题	没问题	不知道
偷汽车或从汽车中偷窃财物	1	2	3	4
吸毒	1	2	3	4
与酗酒有关的犯罪	1	2	3	4
痛恨的犯罪类型				
由人与人之间的差别引发的犯罪，比如肤色、性取向、宗教信仰或残疾等	1	2	3	4
交通问题				
超速、违章泊车和危险驾驶	1	2	3	4
破坏公物和涂鸦	1	2	3	4

由于每个案例中得到的平均值与中位数和模式非常接近，因此我们可以说我们得到的数据呈正态分布，并且我们也可以在一个固定的区间内来用平均值代替。之前的研究表明在平均值和中位数之间的差别很小，而且出于展示结果的目的我们用平均值来反映犯罪恐惧感的水平。

调查的结果按照每条街道分别进行整理，然后利用 MapInfo 中的专题图工具进行绘图，最后得到图 13.1 – 13.3 所示的结果。在每一张图中，人们对犯罪的恐惧感用不同颜色来表示，图中颜色越深的地方代表犯罪的恐惧感越高。图中颜色的渐变是由 MapInfo 软件本身来实现的（按相同数量划分），差不多将每两个街区分成四块。下面是给出的三个案例结果。

13.4 结果

13.4.1 所有犯罪

图 13.1 显示了八个街区犯罪恐惧感的整体分布。恐惧感最高的街区是海顿路，温德尔银行和葛尤路。

海顿路是连接默顿和沃思菲尔德的主要街道，交通量很大（包括行人和车辆），从而可能会导致调查结果的不稳定性。而温德尔银行比较开阔，马路的一侧是一条河流，而葛尤路则位于一个中世纪的老街区中，那么为什么这两个地方犯罪空间感会这么高呢？

从调查问卷的个人意见一栏中可以得到一些解释：

“葛尤路上的灯光太暗，让我晚上走在大街上感觉很不安全。”

“大街很脏乱，垃圾袋扔在外面几天没人收拾。”

从这两个调查结果可以得到一些结论。首先，较差的照明会增加人们的不安全感，而且环境状况也会也会导致人们感觉不踏实。根据当地居民的反馈，市政部门可以采取以下一些措施：联系当地政府的街道管理部门，要求他们检查街道照明状况并提高垃圾收集效率，希望通过采取的措施能够使葛尤路上的犯罪恐惧感有所下降。

13.4.2 青少年反社会行为（ASB – Anti Social Behaviors）

对青少年的反社会行为的恐惧主要集中在小学校（图 13.2）对此可能的一个解释就是高年级的学生会在放学期间参与社会活动。从图中可以看到霍瑟姆大街也是一个相对比较高的犯罪恐惧感的集中区域。对此我们询问当地居民来寻求一些答案：

“很多高年级的学生会在小学周边乱逛，等到学校放学后跑到操场去踢球，有时候还在附近的汽车上乱涂鸦。”

“学生们在他们上下学的路上乱逛捣乱。”

“霍瑟姆大街上的两个学生把我们的生活弄得一团糟。”

这些居民的反馈对我们进行地图结果的分析起到了很大的作用。从本质上来讲，几个关键人对我们定量分析方面起到了解受访者的作用。由于小学校和霍瑟姆大街都被反复提及，我们又把一些制图所不能体现的因素加入进去，从而提高了多角度问题分析的效果。从这三句话中可以看出，由于学生被提及了三次，学校被提到了两次，这使我们相信学校正是青少年反社会行为的中心。

13.4.3 入室盗窃

在这些街道上，入室盗窃犯罪是个老问题，而这也是我们要开展此次调查的主要原因之一。莱顿路上的人们对入室盗窃的犯罪恐惧感可能是因为该大街出入方便并且缺少自然的监控条件。圣徒大街的特征也比较相似（图 13.3）。导致问题可能的原因是该地区比邻一个住房类型完全不同的区域——20 世纪 70 年代建的房子，间隔的空间很大，这也可能是导致居民感到不安的主要原因之一。一般来说，处于社区边缘的房子更容易被盗（Weisel，2003）。

一个当地居民在调查问卷上写道：

“一周之内在葛尤路上发生了三起入室盗窃案。一个人在他的房门上写道：现在我们都知道这里发生盗窃了！”

这个结果非常有趣，因为葛尤路的居民直接把自己的犯罪恐惧感人为提高了不少（很可能就是因为一周内发生了三起盗窃案）。但是我们又发现葛尤路实际上只处于所有对入室盗窃感到恐惧的大街的中游。是不是还有其他因素影响了葛尤路的犯罪恐惧感呢？是不是葛尤路上并不是每个人都了解我们从当地居民所收集到的信息呢？

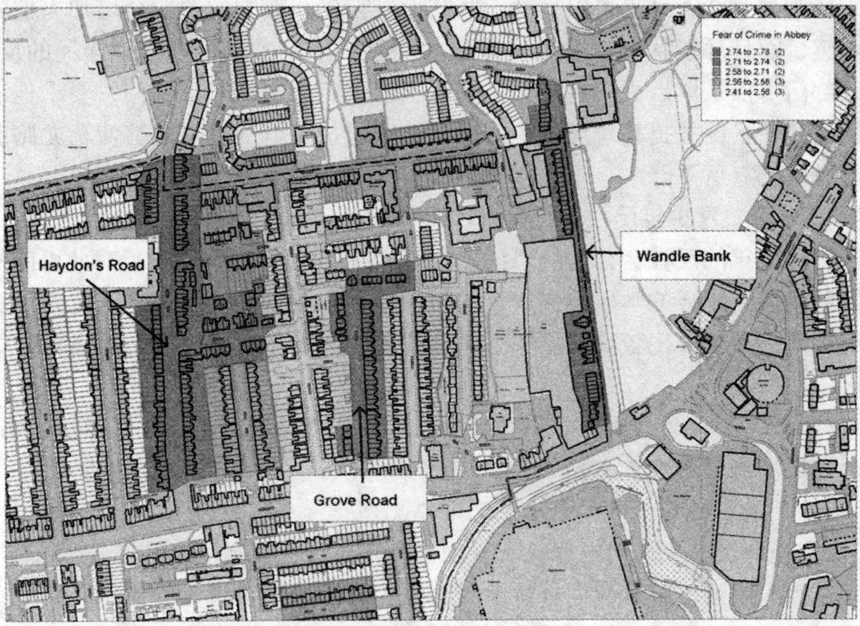

图 13.1　伦敦默顿区的所有犯罪的恐惧感分布。

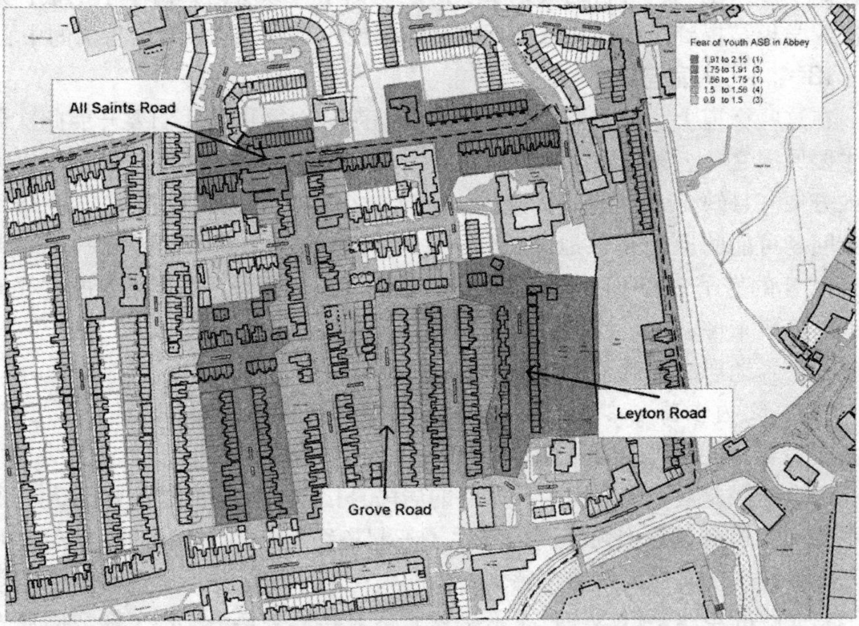

图 13.2　伦敦默顿区的青少年反社会行为的恐惧感分布。

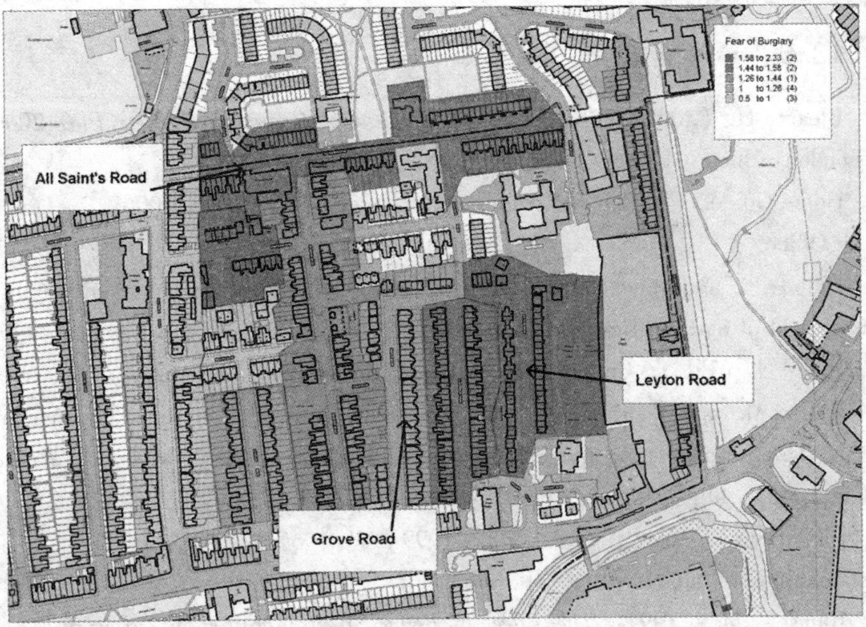

图 13.3 伦敦默顿区的入室盗窃的恐惧感分布。

13.5 方法应用和注意事项

随着伦敦的社区警务的出现和发展（进而遍及整个英国），对于不同的犯罪类型，在城市一定的区域范围内居民对犯罪恐惧的深层次原因和这些恐惧感的热点分布对社会的安定具有重要影响。这项工作可以用于工作部署（比如派遣一个巡逻队到犯罪恐惧感比较高的地区巡逻）、用于宣传（向恐惧感比较高的区域发送一个积极的信息），或者出于目标保护的目的来对一个入室盗窃恐惧感比较高的地区加强其安防措施。

最终，我们可以对一个比较大的区域，例如整个城市来生成一系列的专题图，这样通过浏览就可以迅速确定哪个地区的问题比较严重，然后可以针对这些街道开展进一步的定性工作来减少居民的犯罪恐惧感。可能一个灌木丛或黑暗的街巷会造成犯罪的恐惧，这样通过一个简单的多部门合作或者基于一个问题解决方案就能够有效减少涉及社会安全的不安定因素。

本案例中提出的方法主要用来对社区警务和其他犯罪预防部门提供一种相对简单的工作方法。同时结果也显示出在默顿可以很容易地生成基于街道的犯罪恐惧分布的展示图，这对以后进一步开展资源的有效利用以针对性地解决社会安定问题非常有意义。

13.6 参考文献

Blears, H. (2005) Foreword. In *The National Community Safety Plan* 2006 - 9. London: Home Office.

Home Office. (2005) *The National Community Safety Plan* 2006 - 9. London: Home Office.

Ditton, J. and Innes, M. (2005) The role of perceptual intervention in the management of fear of crime. In *Handbook of Crime Prevention and Community Safety*, Tilley, N. (Ed.). Cullompton: Willan Publishig, pp. 595 - 623.

Innes, M. and Fielding, N. (2002) From community to communicative policing: 'signal crimes' and the problem of public reassurance. *Sociological Research Online* 7 (2). http: //socresonline. org. uk/7/2.

John Howard Society of Alberta (1999) *Fear of Crime* (online). http: //www. johnhoward. ab. ca/PUB/C49. htm

Ramsey, M. (1991) *The Effect of Better Street Lighting on Crime and Fear.* Crime Prevention Unit, Paper 29. London: Home Office.

TNS Social (2005) *Merton Annual Residents ' Survey*. London.

Weisel, D. L. (2003) *Burglary of Single - family Houses.* Center for Problem - Oriented Policing. http: //www. popcenter. org/Problems/problem - burglary - family. htm

Wood, M. (Ed.) (2005) *Merton Borough OCU Policing Plan* 2005/6. London.

14 夜视——巴斯与萨默塞特东北部地区的夜间犯罪的可视化督查

Jon Poole

14.1 前言

“夜视”项目的初衷是为了更好地了解位于巴斯市中心地区的夜间犯罪（NTE – Night Time Economy）的地理分布。在2004年的社区安全与吸毒协作机构“社区安全和吸毒督查”中与酗酒相关的犯罪等非法活动被确定为工作的重点。该项目最终成果是形成了部分长期的策略来深入了解这一问题的本质。

该案例简要地介绍了该项目使用的方法并对结果进行了评估，并且指出了犯罪与非法活动预防协作机构（CDRP – Crime and Disorder Reduction Partnership）一些研究工作的重要问题。到目前为止，该项目一共进行了三个阶段，两个在2005～2006年的冬季和春季，另一个在2006年的夏季，通过不同季节变化可以得到季节性的影响效果。

14.2 项目设计与使用

从项目一开始，就成立了一个多部门参与的领导小组，该小组包括了很多内部和外部的合作伙伴，包括当地的售酒执照持有者和居民等。总体来说，这些人的角色就是监督、设计和使用项目的成果。从项目开始这种协作关系就是有效的，并且得到了警察社区安全部门的支持，他们对确保该项目能够安全有效地进行起到了无可估量的作用。总的来说，领导小组的责任便是：

- 绘制路线，在记录的数据下监督分类；
- 对要走的路线进行风险评估；
- 为项目的四个夜间工作招募志愿调查员。

14.3 方法选择上需要考虑的问题

14.3.1 案件记录

项目中应用的主要方法是居住街道的社区街道督查（www. livingstreets.

org. uk/what_living_streets_do/cs_community_street_audits. php），这是一个用来针对社区居民对物理环境的切身感受进行的调查和分类的动态方法。该项目一个创新性的方面是从可视化督查来创建一个地理参考系，进而为生活街道模型增加一些定性的特征。

社区街道督查建议表明对记录的数据进行大量的分类是不合理的。在定义这些分类的过程中用到了犯罪信号的原理。根据萨里大学的研究结果（Innes，Fielding，2002）（该研究成果为警察局长联合会所采纳），犯罪信号理论证明了犯罪和非法活动会对人们的安全感和恐惧感有着不相称的影响。被调查者给出的一些观点证实了该理论：

"一般来讲，即使是在晚上，只要某个地方比较有意思能够吸引我，我总会感到有安全感，但是如果有人大声咒骂或者喊叫会立刻让我有一种很不好的感觉"（巴斯大学学生调查员，第二夜视组，第四晚）。

可以理解，当走过一段城市街道的时候，调查员周边的城市环境不会是静止不动的。因此，有必要把事件分成两类。第一类与行为相关，包括那些正在发生并且正好被调查员看到的行为，第二个与物理特征有关，即街道本身的分类和特征。因此，选择的这些分类本身就是他们代表了一些与酗酒有关的非法活动可能会发生、已经发生或者当时正在发生的环境条件。这些分类的条件列于表 14. 1 中。

表 14. 1　由调查员记录的行为与物理特征分类

行为分类	物理特征分类
伤害或恐吓行为	丢弃的垃圾/食物
噪音公害	打碎的瓶子、罐子和玻璃杯
明显的醉酒人	尿渍和呕吐物
小便和呕吐	犯罪的破坏（对汽车、街头公物的破坏，包括损坏公物行为）
当街喝酒	
暴力犯罪行为	

考虑到调查的成本和调查记录的实际可操作性，调查员们使用一个塑封的纸板和一个绘图笔来记下他们所看到的现场情况，现场的情况用不同的符号代码来记录（图 14. 1）。

对这些在同一个晚上沿同一条路线记录的所有事件和情况的位置信息数据进行分析表明，不同的地点之间有些类型的事件明显存在着不同。变化最为明显的是"伤害和恐吓行为"、"噪音公害"、"明显的醉酒人"。但是如果不考虑这些变化的话，在整个调查过程中这些事件和情况的地理位置存在着一定程度上的一致性。其他类型的事件在不同调查员记录的结果上也基本一致。

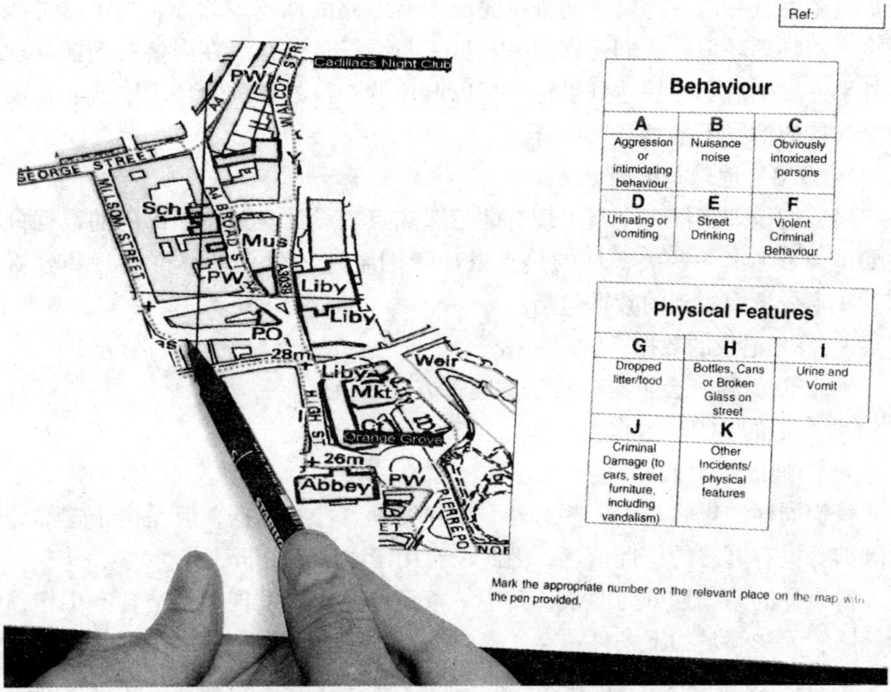

图 14.1　在夜视可视化督查中使用的调查表。

14.3.2　关于调查员

在 NTE 项目中，我们选择的调查员是作为针对性的“兴趣”小组的代表，主要为当地居民（以前没有经历过这种调查），用户（在 NTE 以外），专家（能够从 NTE 研究中受益的人），最后是作为相对“客观”的一方。除此以外，与人口总体相比重要的是还要达到一种人口普查的平衡，尤其是在考虑年龄、性别和民族的时候。然而在实际调查中，30 岁以下的人最难雇用。

由于考虑到招聘的实际困难，我们将目光锁定在以下的群体上：学生（代表用户和大量的 30 岁以下群体）、居民、认证机关和卫生保健专业人员（作为比较“客观”的一方）。这些小组人数相等并且每组的一个代表负责一个晚上的调查。

没有证据表明采用“主题调查员”方法会影响到研究结果。实际上从该方法中一个重要的收获是在收集数据过程中能够包含所有有争议的方面（如与酗酒有关的非法活动），这样在多部门论坛上展示结果进行讨论的时候会有助于增加结果的客观性。

由于考虑到健康和安全的因素，我们决定对每个调查员配备一定程度的安全装备。该项目任命了一些安全专家，他们负责对所有调查员传授简单的安全防护措施并且一对一地陪伴调查员完成所有线路的调查。此外，为了尽可能调查更多的物理环境，我们还增派一些员工与调查员结伴。在岗警察则被要求在意外事件发生后要尽快达到事件现场以避免调查员处在危险环境中或者在没有安全支持的情况下继续开展调查。

14.3.3 地理与逻辑

路线的地理属性完全基于现有的犯罪热点来设计。开展多部门的数据分析主要是为了确定一些关键性的热点以便于围绕这些热点能够开展一些分析工作。在本分析中用到的数据包括：

- 警方记录的数据；
- 公众就噪音公害与非法活动向警方的投诉；
- 当地的 CCTV 数据；
- 当地的急救数据。

我们同样的也收集了一些意外事故和突发事件的数据，但是由于这部分数据大部分没有可靠的地址信息，因此没有用于本文的分析工作。

对设计的路线划分为两条，其中一条经过分析后发现并不适合本工作，因为该路线无法满足如下条件：

- 平均步速能够在 20 分钟内走完路线全程（考虑到调查员在行走的时候无法保证始终注意到一些提示或观察，所以调查员在行走的时候应该在 30 到 45 分钟内走完路线全程）；
- 路线应当是曲折的；
- 路线沿途还应当有一定明显的街道标志（避免调查员迷路或者只关注地图而忽视了环境）。

图 14.2 展示了设计的路线如何与已知的热点区域保持一致的。

14.3.4 时间表与日期

在项目开始时我们收集的历史信息帮助我们定义了一个“平均”天数来开展项目工作。与之类似的是，这个平均天数能够有助于我们定义时态热点的位置以便于能够实现精确的事件记录。

调查员在规定的时间内沿着路线行走，这些时间分别为 23:15，00:15，01:15，02:15。这样每条路线根据调查员的步速可以将行走时间误差控制在 15 分钟左右。

14.3.5 分析

所有记录的事件最后都被转化为数字化格式以便于分析。每个事件都被赋予一个独特的参考特征，包括路线、发生的夜晚和调查员编号。这有利于过滤掉调查员可能记录的一些重复性事件。

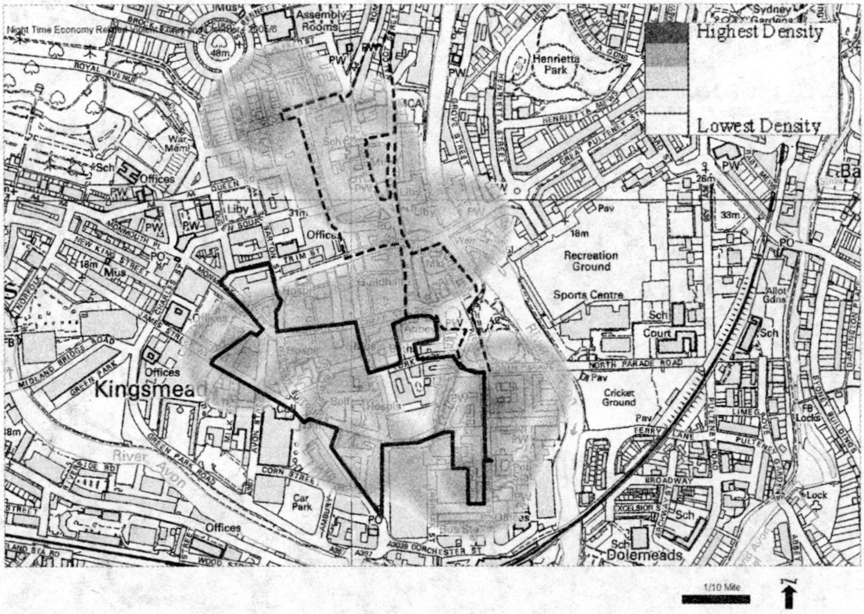

图 14.2 “夜视”项目的调查路线以及路线与现有热点区域的一致性。

随后，通过对所有已经收集了相当数量样本的事件类型开展地理分析来确认是否观察的现象存在聚集性。此外，还从总体上分析了一下不同日期、时间和调查员类型的事件发生率和趋势。分析工作主要用到的工具是 Microsoft Excel，MapInfo 专业版和 MapInfo Vertical Mapper。分析的典型输出结果如图 14.3 所示。考虑到一些文本用户的习惯，简单一些的数据展示能够给出比较清晰的效果。

14.4 “夜视”项目调查结果

在冬春阶段和夏季几个月份之间这段时间，事件发生的数量有所增加。实际上这些增长是在预料之中的，并且与一些传闻以及我们从犯罪司法部门数据中收集的情报基本一致。“醉酒人闹事” 和 “噪音公害” 一直是在我们所开展的所有研究调查中发生最多的事件。调查员小组对最终的结果影响比较有限，而结果中最为显著性的变化则与进行调查的个人有关，与特定的夜晚、路线或时间没有多大关系。

在记录的犯罪与非法活动地址和任何记录的分类地址之间并没有统计上显著的空间相关性。然而，可视化分析表明在市中心地区很多的事件分类的具体

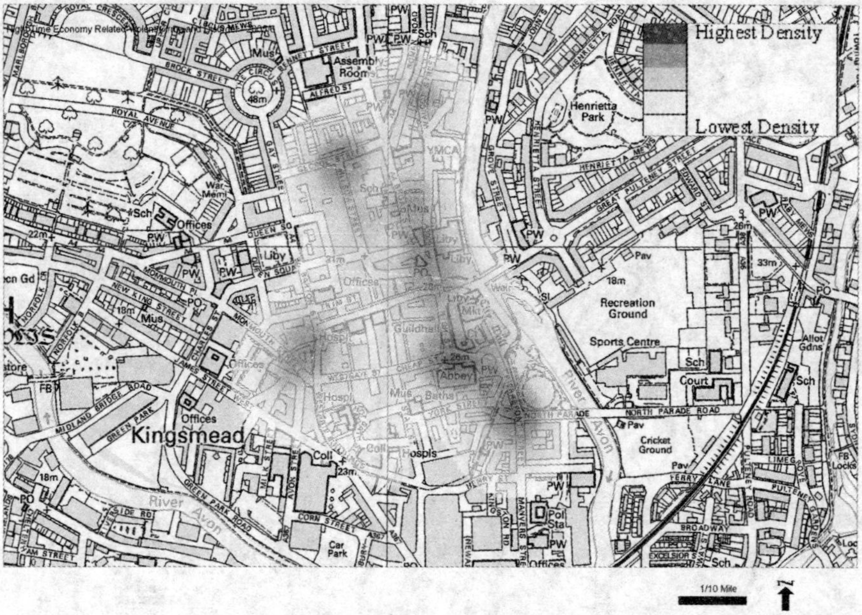

图 14.3　一个典型的夜视输出分析结果——酗酒人员的热点分布（夜视第 3 组）。

热点之间具有一定程度上的空间一致性。这些地点与快餐店的分布和大量的大型深夜活动场所的分布有关。在大部分情况下调查员在晚上呆在市中心地区会感觉比较安全，虽然这可能是专业安保员的作用结果。

通过对这些简短的文件进行定性分析我们可以发现问题的一些共同点，而这也被视为对调查员的感觉产生了显著性的影响。在所有的研究中，最重要的问题就是那些身穿制服的人员在现场的出现，不管这些人是警察、门卫还是其他的安全人员。但是，这些特征仅仅在情况得到控制的情况下才能产生积极的作用。我们收到的一些关于门卫有一种举动会降低调查员的安全感的评论证实了这一假设，如环境问题，例如照明和散乱的垃圾被证实对调查员的安全感有所影响，而在一个特定的地方看到垃圾会减少这一区域的安全感。这在下面这段话中得到了证实：

“这些都会导致####街道上的不安全感，你会感觉你走在一个贫民窟里”。（注册调查员，第三夜视项目组，第四晚）

14.5　实际行动

基于项目的结果开展专项的治理行动和措施从一开始就是我们的工作目

标。此外我们还从当地的犯罪预防协作机构得到了支持，并且从我们报告发送的对象部门中得到了这些部门高级官员的协助。在每项研究完成之后的前三个月通常都会做出一些战术性的决策，而空间分析会为警察的行动提供参照依据，而且也会有助于确认哪些大型活动场所对事件的发生具有影响作用。

在开展行动过程中，时间尺度是一个重要的问题，在研究能够达成比较重要的策略性成果之前往往要经过 13 个月的调查。其中最为重要的成果就是利用研究作为依据来创建巴斯市中心地区的夜间治理工作组。同时该研究也被提交给多个部门用于制定对策。

本项目的研究报告吸引了大批当地媒体的注意。人们要求对报告中一些文字要审慎以确保报告的公布不会减少公众在深夜市中心地区的安全感。

虽然内在的可靠性问题意味着我们不可能来把这项工作当成一种纵向跟踪调查安全事件的方法，但该项目现在被一些部门用于了后续专项工作的开展，比如街道照明和城市设计。

14.6 结论

“夜视”项目已经成功地被多个部门接受为一种可靠的方法来评估夜晚社会生活的一系列安全问题，并继而用于制定治理措施。该方法的客观性已被证实在达到这一目标上与结果本身一样重要。

此外，个人感觉的变化也被证实为研究报告的重要结果之一。下面是来自在同一时间走过同一路线的两个人的评论：

“我感觉很不安全，晚上的巴斯跟以前很不一样。”（巴斯居民调查员，第一夜视项目组，第三晚）

“老实讲，这是我在巴斯度过的最安静最安全的一个晚上。”（学生调查员，第一夜视项目组，第三晚）

结果，该研究表明接受这些人员感觉的变化并作出相关必要的调整是夜间社会活动的成功管理的关键。

最后需要说明的一点是，虽然在犯罪预防协作机构部门内部充足的资金赞助和良好的基础研究组织是有利的，但对这样一个项目要得到好的策略和决策效果还需要对协作部门之间的巨大的依赖性有所改变。

14.7 参考文献

Innes, M. and Fielding, N. (2002) From community to communicative policing: ‘signal crimes’ and the problem of public reassurance. *Sociological Research Online* 7 (2). http://socresonline.org.uk/7/2

第五部分

新技术

15 邻近重复盗窃现象

Derek Johnson

15.1 前言

近几年来，学术界对英国及其他国家的社区盗窃犯罪的时空特性进行了研究（Bowers *et al.* 2004；Johnson，Bowers，2004）。这些研究得到的结果表明盗窃现象在时空上存在着聚集性特征。很明显的是，盗窃犯罪风险会像传染病一样传播，即向周边其他的社区扩散，但是随着时间的推移这种风险会逐渐降低。

这种所谓的盗窃犯罪“邻近重复”规律被人们认为可以用来进行一些主动性的犯罪预防措施。在此基础上，多赛特警察局（该地区位于英国南部）的伯恩茅斯分局的分析人员在2005年针对当地猖獗的入室盗窃犯罪采用了这种策略。这主要缘起于该分局有一次被迫要完成一个非常艰难的减少盗窃犯罪的任务，当时这种现象被发现后人们认为能够用来对盗窃犯罪风险进行预测进而来引导警察的行动。

15.2 伯恩茅斯的邻近重复犯罪现象

但是根据这种现象规律来进行预测需要非常快速的响应能力。研究表明，在一个盗窃犯罪发生后离案发现场很近的地方在案发后48小时内具有很高的风险会被罪犯再次袭击。虽然风险会在接下来的5天内保持在较高的水平并且在28天之后才会逐渐降低，但对于警察来说问题在于如何能够在最初的盗窃事件发生后立即采取行之有效的响应手段。如果行动过程中能够充分利用这个所谓的犯罪高风险区，那么在分析邻近重复现象的过程中我们能够对风险绘制地图，进而来预测在未来短时间内哪些地方最有可能发生盗窃犯罪。时间（2天，7天，28天）和空间（从最初发生盗窃地点400米起）因素都是确定了的，而这又能让我们将注意力主要集中在哪些地方在发生了盗窃犯罪后可以开展预防性措施。

那么，最重要的一个问题就是要确定是否伯恩茅斯的盗窃犯罪也符合这种规律。如果是的话那么此刻在伯恩茅斯这种地方都分布在哪？此外从研究得到的另一个因素是邻近重复现象并不是随机的，而是限定在一个大城市的特殊区域。

Jill Dando 犯罪科学研究所承担了伯恩茅斯 12 个月的盗窃犯罪数据分析工作，并且在一个完整的基本作战单元（BCU – Basic Command Unit）区域内证明了邻近重复现象确实存在。同时分析工作还确认了犯罪的高风险特征在空间上的范围超过了 200 米，在时间上分为 2 天、7 天和 28 天等不同的阶段。考虑到分析的数据是整个 BCU 区域的，因此结果相当令人满意。一个明显的证据就是在 2004 年期间，邻近重复现象在市区出现过，但与其他地方不同的是，伯恩茅斯的邻近重复距离只有 200 米（文献研究结果为 400 米，Bowers *et al.* 2004）。

虽然进一步的研究结果可以用来避免不得不分析整个伯恩茅斯地区犯罪数据的问题，但是到目前为止还没有一个又快又简单的方法能够用于确定哪些区域存在邻近重复犯罪现象。例如，人们已经了解到在重复社区盗窃犯罪和邻近重复社区盗窃犯罪之间存在着绝对的负相关关系，但并不意味着在发生较多重复性盗窃犯罪的地方也会发生很多的邻近重复性盗窃犯罪。同理根据这一信息也就可以知道邻近重复性犯罪不可能在社会福利短缺的区域出现了。

15.3　用于分析邻近犯罪现象的方法

为了证实社区内存在着明显的邻近重复犯罪现象，伯恩茅斯当地的分析师不得不提取出 12 个月的社区盗窃犯罪数据。这些数据随后被显示在 GIS 上并且分散到表格中来反映哪些犯罪活动在长达一年的时间内发生在同一地点附近并且前后时间相差不超过两周。我们绘制出第一个两周的数据，然后为每个犯罪地点创建一个 200 米的缓冲区，然后再绘制第二个两周的数据，随后将这个过程反复重复下去。通过将数据用这种方式进行可视化，我们就能够观察出哪些第二个两周的犯罪数据落在了第一个两周犯罪数据的缓冲区内。通过对一整年的数据进行处理我们可以证实在三个警察辖区内这种邻近重复现象一直存在。所有这三个区域都是相邻的，其中有两个区域的边界非常有利于进行邻近重复的分析，这两个区域沿着重要的道路线分布并且适合于在不同的社区之间进行划分。这几个警察辖区如图 15.1 中的阴影所示。

人们决定设计一种方法来对三个区域中的两个进行分析。虽然在市区的其他地方也有证据证实存在着邻近重复犯罪现象但是这些区域都位于警察辖区内部而不是闭合成为一个整体。虽然警察的辖区划分也是有些主观臆断的成分（伯恩茅斯内的区域划分并不能反映其他地区的特征，比如行政区划），但这些

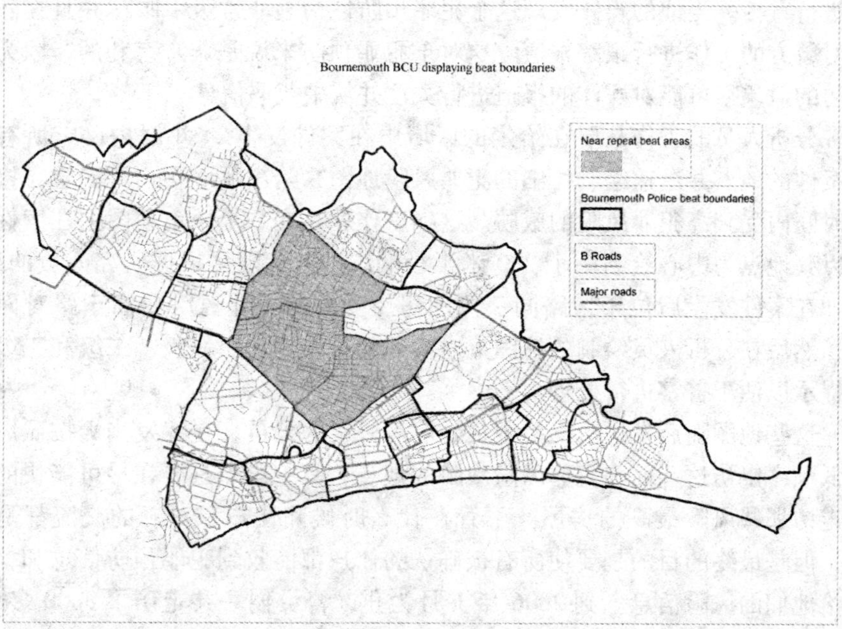

图 15.1 伯恩茅斯警察辖区中的警察辖区分布，其中可见明显存在着邻近重复盗窃犯罪现象。

区域是由警察部门划定的，所以对警察来说这些区域的特征容易理解一些。这是一个很重要的因素，因为一线警员能够根据这些区域特征来开展犯罪预防工作。

对发生了盗窃犯罪地点周边 200 米范围内的住户给予强制性的犯罪预防建议被视为在给定区域内减少盗窃犯罪的一个重要手段，而且我们开始实行的一种干预性策略取决于三个关键性因素：

- 分析人员应能够在盗窃犯罪事件发生 24 小时后在给定的两个警察辖区内确定出住户盗窃犯罪地点；
- 警察社区支援警员（PCSOs – Police Community Support Officers）应能够在当天对分析人员给出的高犯罪风险地点进行及时的响应；
- 要能够对分析确认出的位于犯罪高风险区域内的住户面对面地给予强制性犯罪预防建议。这里面包括要对住户告知邻近重复性犯罪现象并使其能够了解警察有理由相信这些住户的财产正面临着威胁。

15.4 开展邻近重复性犯罪的预防措施

警方的犯罪预防性措施开始实施于2005 年的4 月1 日，在此之前由一些媒体进行宣传。当地的媒体发现这个犯罪预防性措施非常吸引眼球并且在随后一直对警方的工作进行跟踪报道。这对于犯罪预防来说是非常有利的，因为犯罪预防的对象很可能对媒体的报道进行关注并从中获取信息。

分析人员的工作是要在给定的区域中在案件发生 24 小时内确定所有的盗窃案件的地点并迅速绘制详细的犯罪风险地图来给出哪些住户可能会在接下来的时间内受到高犯罪风险的威胁。这项工作就是在一个城市地图上在案件发生后以其地点为中心绘制一个 200 米半径的缓冲区。随后根据研究人员的结果，比如在案件发生后位于道路同一侧的房屋受到的犯罪风险要高于路对面的房屋，然后在分析人员绘制的地图上对实际的建筑物给出一级、二级和三级的风险提示以便于警察进行处理。

这些地图随后发送给支援警员，然后一线的警员会在案发当天按照风险的高低顺序走访这些面临犯罪风险威胁的地点，其中重点是要在尽可能快的时间内走访那些风险最高的房屋。不管在什么时候和住户一对一的交流都是必要的，但是最终的目的是要使所有被确认的住户都能收到犯罪预防信息和警方通报给他们的风险信息。到 2006 年 1 月为止，警员们一共走访了 3000 多住户，所有的这些住户都收到了警方发送给他们的犯罪预防建议。

15.5 实际影响和效果

警方重点关注的这两个辖区在采取了预防性措施之后入室盗窃犯罪率下降了 37%，随后我们对这些犯罪预防措施进行了进一步的评估。

从 2005 年 1 月开始，我们收集了两份各 10 个月的数据（采取措施之前和采取措施之后），这些数据表明入室盗窃犯罪数量在 2005 ~ 2006 年下降了 32.5%。我们绘制的一张时间序列图（图 15.2）表明入室盗窃犯罪实际上从 2004 年的 10 月至 11 月期间就开始下降了，这可以从图中的指数平滑曲线的趋势反映出来。为此我们需要证明一下盗窃犯罪的下降到底是采取措施的结果还是其本身的下降趋势作用的结果。

为了便于比较，我们需要找到一个与该犯罪预防实验区具有相似人口特征的区域作为比较区（采取犯罪预防措施的区域我们姑且称之为实验区），为此我们检索了与实验区房屋特征相关的 2001 年国家统计数据，最后一共找到了 20 个人口普查区域，这些区域的房屋的容积率比较相似，并且在犯罪预防措施实施期间的盗窃犯罪率也基本相似。在南部的一个区域内我们也找到了 20 个人口普查区，这些区域在容积率上比较相似，并且都具有很明显的邻近重复性犯罪现象。这些区域还没有采取犯罪预防措施，在位置上距离实验区有四英里远。

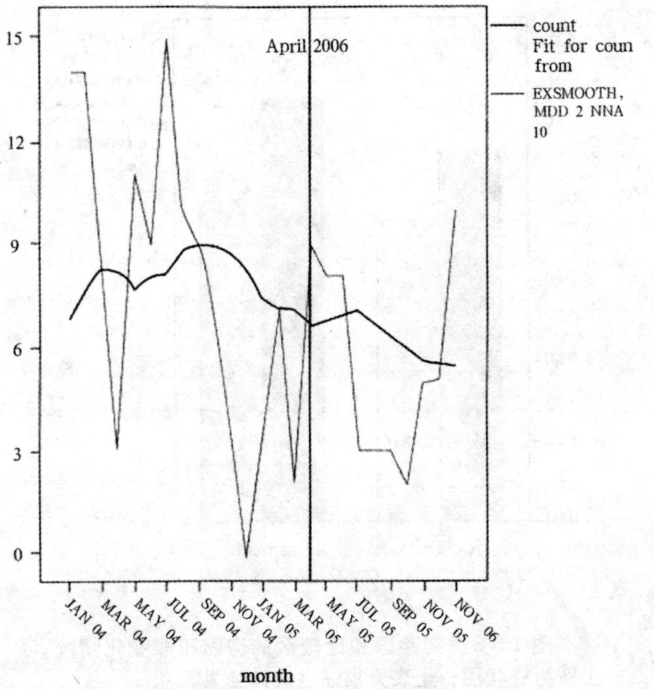

图 15.2 2004 年 1 月至 2006 年 1 月期间伯恩茅斯入室盗窃犯罪变化。

随后我们对两个区域内的盗窃犯罪率进行了比较。图 15. 3a 显示的分别是两个区域在犯罪预防措施采取之前和之后平均住宅盗窃犯罪率的柱状图。从图中我们可以看到两个区域内的盗窃犯罪现象的确有所减少，并且在采取了犯罪预防措施的区域内下降得更多一些。我们考虑了季节性因素的影响，但是发现影响效果不大。图 15. 3b 给出的是两个区域在采取犯罪预防措施之前（比较区采取预防措施之前和实验区采取预防措施之前）和之后（比较区采取预防措施之后和实验区采取预防措施之后）的描述性统计结果。

	范围	最小值	最大值	平均值	标准差
比较区 - 前	1. 17	0. 58	1. 75	0. 9320	0. 39869
比较区 - 后	1. 56	0. 19	1. 75	0. 7580	0. 50736
实验区 - 前	1. 57	0. 20	1. 77	1. 0620	0. 50920
实验区 - 后	1. 18	0. 39	1. 57	0. 8060	0. 41979

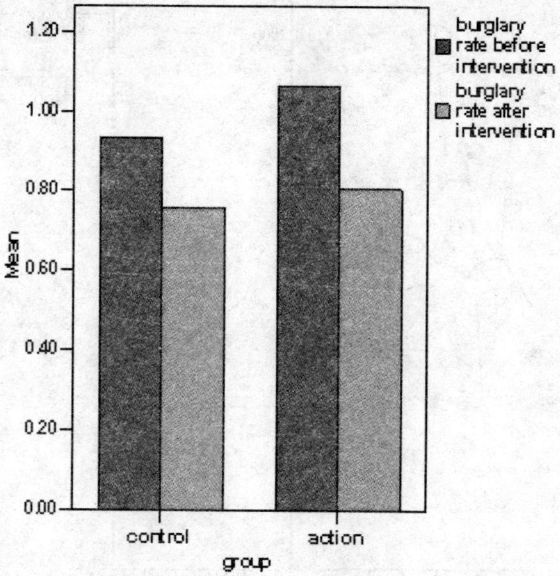

图 15.3　实验区和比较区的盗窃犯罪变化情况。
上图为柱状图；上表为描述性统计结果。

下面为从描述性统计中得到的一些结论：

- 比较区域在采取措施之后的变化范围（最大值 - 最小值）要比采取措施前的变化范围大，而实验区的变化范围是减小的；
- 采取预防措施后实验区的最大值有所下降，而比较区这一数值没有大的变化；
- 采取预防措施后两个区域内的平均盗窃率均有所下降，但实验区的下降幅度更明显；
- 采取预防措施之后比较区的标准差有所增加；
- 虽然实验区的盗窃犯罪下降幅度比比较区高大约 5% 左右，但是从统计上无法证明其显著性。

这些描述性统计分析进一步证明了两个区域内的盗窃犯罪的确下降了，但是在采取预防措施之前和之后的数值有显著性的差别，这表明两个区域内的盗窃犯罪下降是不同的，即导致犯罪下降的内在动力机制可能是不同的。

实验区的 20 个月的盗窃犯罪数据在时空基础上进行了检验，这也是或许最能解释预防措施的最终结果。结论表明，在预防措施开始实施后邻近重复性犯罪现象消失了。

通过对已知具有风险可预测区域内的入室盗窃犯罪活动进行制图和分析处理，人为采取的预防措施改变了罪犯的空间活动行为。这种空间的变化可以用盗窃犯罪的空间标准差阴影来表示（采取 CrimeStat 软件绘制（Levine，2004））。图 15.4 显示的是一个地区地图，其中两个阴影区代表的是采取了预防措施的警察辖区。这些区域内的与盗窃犯罪有关的标准偏差阴影分别代表了 2005 年 4 月之前和之后的情况，从中可以明显的看到阴影的方向发生了变化。

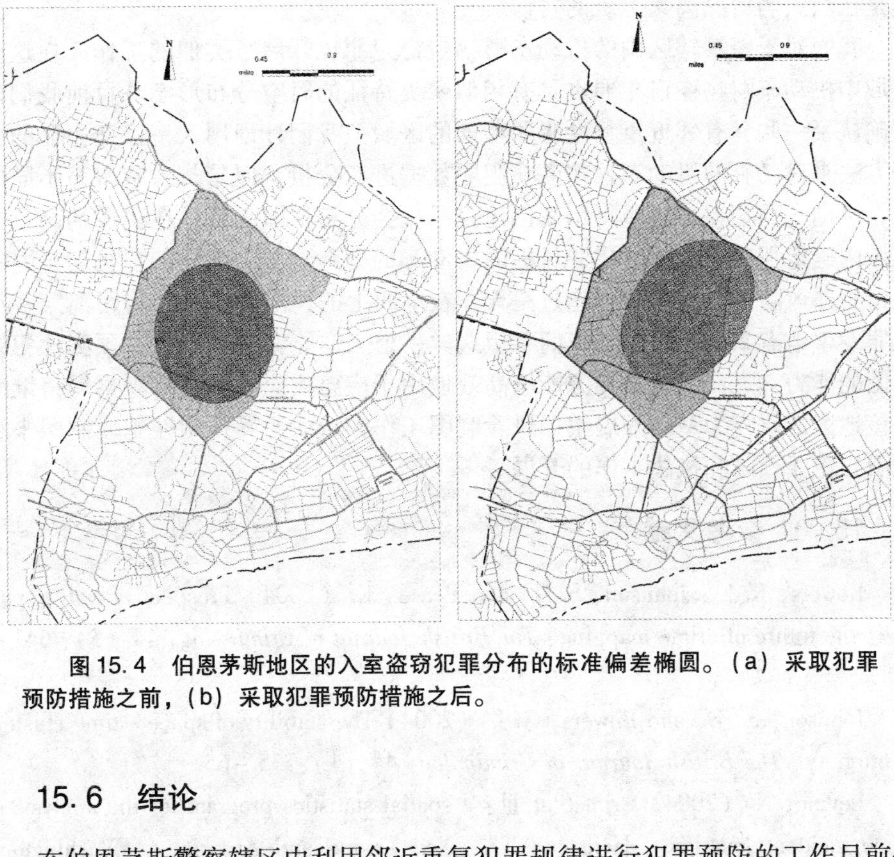

图 15.4　伯恩茅斯地区的入室盗窃犯罪分布的标准偏差椭圆。(a) 采取犯罪预防措施之前，(b) 采取犯罪预防措施之后。

15.6　结论

在伯恩茅斯警察辖区内利用邻近重复犯罪规律进行犯罪预防的工作目前仍在进行。在对入室盗窃进行预防的同时，我们还将工作进一步地扩展到了其他具有邻近重复犯罪现象的区域。通过对当地居民的事后问卷调查，我们也发现了当地居民对于利用各种信息来进行犯罪问题治理的工作是非常支持的，而我们的工作也有效地减少了当地居民对盗窃犯罪的恐惧感。

但是，从本质上讲犯罪风险的时间窗口是很小的，因此就非常有必要进一步发展能够快速和有效对犯罪事件进行响应的分析工作流程和业务工作流程。有趣的是，2006 年有一段时间警察辖区无法对预测性犯罪制图提供业务性资源的支持，但是就在这段时间内在实验区内又重新出现了邻近重复性犯罪现象。为了尽快在犯罪事件发生后通知邻近的居民以防止可能的犯罪风险扩散到他们那里，我们采用了移动电话短信通知技术。通过采用一个基于 Web 的服务功能，我们要求居民登记其移动电话号码和邮政编码，这样一旦在附近地区发生了犯罪事件就会立即将通知短信发送给可能位于犯罪高风险区内的居民。虽然我们仍然保持着定期的走访制度，但这样一来会大大提高消息的传送速度，尤其是在白天当居民离家上班的时候。

我们对于警察辖区内的机动车财物盗窃犯罪也开展了类似的工作，在这些区域中机动车财物盗窃犯罪也具有相似聚类特征的时空分布形态。目前我们已经确认了一些具有邻近重复性犯罪特征的区域。我们计划用入室盗窃犯罪的分析方法来对已有的机动车财物盗窃犯罪数据进行分析。但是与入室盗窃不同的是，机动车财物盗窃犯罪将用来创建犯罪机会分布，即主要是在犯罪的高风险区域内确定那些可能成为犯罪目标的机动车的分布位置。同样的，机动车财物盗窃犯罪风险的时间窗口不超过三天，在空间上的风险分布范围为距离第一次犯罪发生地点 200 米以内。我们希望这样一个工作能够进一步提高预测性犯罪制图的能力，进而使执法资源能够高效地用于应急响应。多赛特警察局将继续以该地区的研究为基础开展犯罪风险制图工作，从而开发预测性犯罪制图来智能引导犯罪预防和执法工作的开展

15.7 参考文献

Bowers, K. J. , Johnson, S. D. and Pease, K. (2004) Prospective hot - spotting: the future of crime mapping? *The British Journal of Criminology* 44 (5): 641 - 658

Johnson, S. D. and Bowers, K. J. (2004) The stability of space - time clusters of burglary. *The British Journal of Criminology* 44 (1): 55 - 65.

Levine, N. (2004) CrimeStat Ⅲ: a spatial statistics program for the analysis of crime incident locations. Houston, TX: Ned Levine and Associates. Washington, DC: National Institute of Justice. Available at http: //www. icpsr. umich. edu/nacjd/crimestat. html

16 犯罪模拟在理论分析和实践方面的应用

(Elizabeth Groff)

16.1 前言

详细地了解犯罪发生的过程并且防止犯罪的发生是一个非常艰难的工作。要想了解犯罪活动的发生过程需要大量的信息，而这些信息在通常情况下是很难获取的。例如，如果我们想要知道在什么条件下犯罪会发生而在其他条件下犯罪却不会发生，我们就需要收集这两类条件的信息来进行比较。同样的，如果我们想要知道为什么犯罪会发生，犯罪在哪里发生，什么时候发生，这就需要我们收集大量的个人信息数据以便于能够对犯罪发生的地点、人员和条件进行描述。目前，用于描述人员活动的一般性个人信息和特定犯罪活动的环境因素数据不足仍然是我们开展犯罪分析的重要障碍（Huisman，Forer，1998；O'Sullivan，Haklay，2000）。除了涉及成本和个人隐私以外，最欠缺的就是城市居民在时间和空间范围内的日常活动信息。即便是获得了这些数据，还存在着的一个问题便是如何能够找到一种工具来对人员的日常活动和人与人之间的动态过程进行分析。

为了解决这些问题，一些研究人员开始尝试用仿真模型来分析犯罪现象（Brantingham，Brantingham，2004；Brantingham，Groff，2004；Eck，Liu，2004）。仿真模型就是人为地在计算机程序中创建一个虚拟的人工社会。这种虚拟的建模实际上是一种简化，只考虑研究对象的最重要的因素和关系。一个著名的仿真模型就是计算机游戏 SimCity。在这个计算机游戏中，玩家可以决定怎样来发展一个城市，并且能够“看到”这些决策所带来的结果。仿真模拟相对于游戏来说更为正式一些，人们可以根据理论来建立模型并对模型进行系统的检验。

16.2 Agent－Based 模拟

Agent－Based 是一种仿真模型，这种模型的特点是将一些重要的元素用 Agent 来表示。这里的 Agent 可以是一个人、一个组织甚至是一个社区。每一个

Agent 都具备独特的特征和行为方式。例如，一个表示人员的 Agent 可以具有年龄、收入、性别、民族等特征，而且还可以具有在不同地点之间行走的运动能力和决定犯罪的思维能力。每个 Agent 都可以自发地进行一些行为，并能够基于环境条件来进行决策。这样一个布满了 Agent 的虚拟环境社会就可以对其中各种人员行为元素之间的动力学过程和人与人之间、人与环境之间的相互作用过程进行仿真。

Agent－Based 模型（ABM）具有的几个重要特征不仅能够应用于早期的一些犯罪问题研究，并且这种方法本身具有比较好的灵活性，这里面主要包括：

- ABM 能够模拟每个个体的独特特性，从而更贴近于现实生活；
- ABM 能够更好地用于一些复杂动力学现象的研究（Epstein，Axtell，1996；Gilbert，Terna，1999；Dibble，2003）；
- ABM 中定义的个体能够根据变化的信息进行动态的决策（Bonabeau，2002）；
- ABM 能够通过仿真进行系统实验（通过设定 Agent 和环境参数为常态，然后变化其中的一个或多个参数来分析系统的输出结果，从而得到参数变化对系统的影响）。可以说 ABM 提供了一种社会系统性研究方法，而这是传统的社会科学方法很难达到的。

ABM 能够对一种社会科学理论在人们将其进行实践之前对其进行预先的评估。仿真实验相比真刀真枪的社会实践是一种成本更低、但可靠性很高的研究方法。除此以外，仿真实验还能够避免在社会实践中人们的一些主观性因素。

在过去十年中，人们应用 ABM 对社会科学开展了大量的研究工作（Gilbert，Troitzsch，1999；Macy，Willer，2002）。考虑到人员行为和环境之间的相互作用关系在社会现象中的关键性作用，一些研究人员呼吁要开展“真实性”的工作而不要过度的关注人工社会研究（Albrecht，2005；An *et al.* 2005；Brown *et al.* 2005）。虽然传统的仿真更适合于分析动力学过程，但是在集成空间和环境因素方面还并不完美。因此为了更好地模拟诸如像犯罪这样的动态社会现象，最好的解决办法就是将 ABM 与地理信息系统结合起来。近年来的技术发展已经可以通过创建软件包来将 Agent 嵌入到一个特定的时空场景中（Agents 可以沿着真实的街道运动并与其周围的环境进行互动）。Agent Analyst 就是一个典型的将 GIS 工具如 ArcGIS（ESRI，2005）与一个 ABM 开发平台如 RepastPy 集成的软件系统（North *et al.* 2006）。可以说，将 ABM 与 GIS 的优点结合起来在单纯的建立人工虚拟社会的基础上前进了一大步。

这些技术上的进步使得人们能够进一步克服以往研究的不足。通过创建 GIS－ABM 模型人们能够开展如下工作：

- 能够模拟罪犯、受害者、监护人在特定条件下的时空交互性；
- 能够模拟各要素之间的相互作用、相互影响；
- 能够模拟各要素作用下所演化出的犯罪分布形态。

犯罪模型可用于多种研究用途。在最初，犯罪模型主要用来精确预测犯罪活动的分布形态或者用来检验犯罪学理论。犯罪模型用于犯罪形态的预测时一般还要和实际的分布情况进行比较以便于对犯罪模型进行验证。当犯罪模型用于检验犯罪学理论时一般会从理论的视角对模型进行相应的设计。这些模型通常会根据其模拟的结果与理论预测的结果是否一致来对模型的可靠性进行评估。

本案例中建立的模型主要用来模拟街头抢劫，所依据的主要理论基础是日常活动理论，该模型能够帮助人们了解人们在时空范围内的行为活动是如何影响美国华盛顿州西雅图地区的街头抢劫犯罪分布的。另外需要说明的一点是，本研究并不旨在预测街头抢劫的分布形态，而是要在一个虚拟的人工社会中检验基于日常活动理论所提出的假设，并在此基础上检验模型的结果是否与预测的结果一致。

本案例中的方法比较关注理论检验，因此，这些方法仅仅营造了一种在虚拟的理论方程和基于实际数据的理论检验之间的临时性环境。虽然这种方式并不会确定在实际生活中一种犯罪学理论是否是正确的，但它的确是提供了一种用于检验理论假设的可能性。为此，我们创建并运行了一种最高效（简单但是很有效）的模型，我们将主要对结果进行严密的理论检验。

16.3 创建一种基于理论的仿真模型来检验日常活动理论

本节通过给出一个具体的案例来展示如何基于犯罪学理论来建立一个犯罪仿真模型。在本案例中我们用到的主要是日常活动理论（Cohen，Felson，1979）。日常活动理论目前在实证研究中应用非常广泛，因此它的理论体系已经发展得非常完备。该理论主要关注的对象是犯罪的环境，在这种环境中犯罪活动的发生普遍与基于环境的犯罪预防特征和其他犯罪机会理论有关。日常活动理论的主要思想是：任何犯罪活动的发生都是具有犯罪动机的罪犯、适当的犯罪目标与能够阻止罪犯的监护人不在现场这三个要素在时间和空间上交互作用的结果。社会结构的变化会影响到罪犯、受害者和监护人的日常活动，进而对犯罪发生的三个要素的时空交互次数产生影响。人们假定如果这些要素在时空条件下交互的次数增加，即便一个城市中的罪犯和受害者数量保持不变，那么犯罪活动也会必然增加。日常活动理论的内在本质可以使其直接用于执法部门的工作，而且可以通过建立空间 Agent - Based 模型来进行研究。

具体的研究方法主要包括以下三个要素（关于模型的概念和应用等详细信息可参考 Groff（2007）的论文，见本章参考文献），而全部结果可参考 Groff 于 2008 年发表的论文。

1. 日常活动理论的理论架构直接转化为一个概念性的模型（图 16.1）。这个概念性的模型是建立 Agent - Based 仿真模型的基础。根据这个概念模型一共开发了三个版本的 GIS - ABM 模型，这样一来就可以动态地模拟个体的决策过程和个体的行为以便于观察这些行为是如何涌现出宏观的街头抢劫犯罪分布的。

2. 研究了"空间"（个体进行日常活动的平台）的作用。在一个真实的西雅图城市环境中模拟 Agent 的相互作用。

3. 进行一系列的实验来检验：（a）从日常活动理论预测得到的理论结果是否与模型模拟的结果一致；（b）改变模型中个体的时空行为以产生不同的街头抢劫犯罪的数量及分布结果。然后用传统的统计方法和空间统计方法来分析模拟实验的结果。

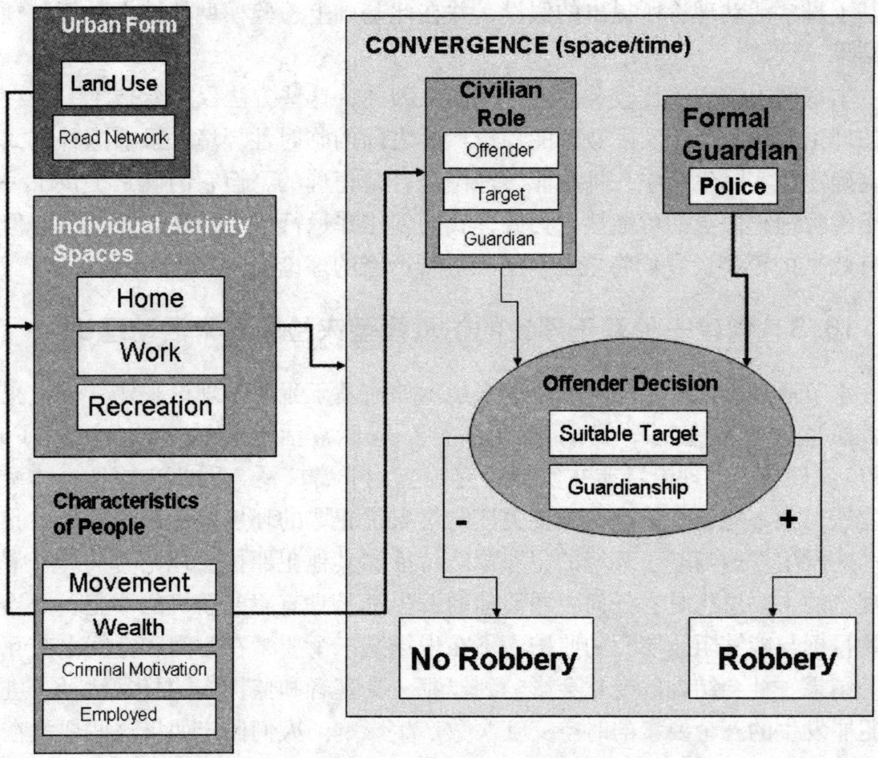

图 16.1　基于日常活动理论建立的街头抢劫概念模型。

在模型中，通过对每个 Agent 赋予不同类型的活动空间和运动方式来对 Agent 的日常活动的时空形态进行定义。在空间形态的版本中，Agent 被赋予一个空间约束，即规定 Agent 每天在家中呆一定的时间，但是一旦其离开家就会开始在空间上随机运动。而在时间形态的版本中，Agent 被赋予一个时间约束，即规定 Agent 在时间尺度下随机运动，但是每个 Agent 都会在工作和生活等行为上赋予一个固定的时间进程。而“活动空间”版本则集成了时间和空间上的约束条件，Agent 要严格遵守各项活动的时间进程同时也被规定了代表工作、生活等活动的固定地点，并且在各地点之间的运动都沿着最短路径来进行。

在“活动空间”版本中，Agent 的活动空间是基于西雅图的城市特征来建立的。这些 Agent 的家庭位置根据整个城市的人口分布来确定，而工作地点则根据城市的公司分布来设定，其他活动地点则依据城市的服务业、零售业和娱乐产业的分布来确定。这样一来所有的 Agent 活动的集合便能够代表整个西雅图市的人口分布特征。

我们一共进行了十五次仿真实验。每个版本的模型在不同的条件下分别进行五次实验。每次实验实际上是创建了一共不同的人工社会环境，不同的人工社会环境之间的差别在于每个环境中的平均离家时间均不相同（在第一个人工环境中平均离家时间为 30%，在第二个环境中为 40%，以此类推）。而 Agent 个体的离家时间比例是不同的，主要为 8%，17%，42% 等等。所有 Agent 的离家时间的平均值必须和实验条件设定的相同。这种方法提供了一种能够系统检测离家时间长短影响街头抢劫犯罪率的机制。

结果的可视化对于人们了解 Agent 行为如何转变为最终的抢劫犯罪分布形态十分重要。可视化既可以在模型运行之前展示也可以在模型运行之后展示。对结果的分析可以采取表格、图片或者地图等多种形式（图 16.2）。

16.4 研究的结果与显著性——模拟场景与日常活动理论原理的比较

关于日常活动理论的仿真实验结果证明了该理论的真实性，并且证明了人员活动的时空特性对街头抢劫犯罪分布的影响。三个模型中，有两个模型的实验结果对日常活动理论的逻辑性作出了有力的证明。模型的运行结果证实，如果罪犯的数量和犯罪的动机保持不变，随着人们离家时间的增加，街头抢劫的数量也会随之增加。在空间版本和时间版本的模型中实验条件之间的差别对结果的影响是显著性的，但是对“活动空间”版本模型的影响却并不显著。

此外，不同版本模型所得到的犯罪空间分布之间具有显著性的差别，并且这种差别会随着人们离家时间的增加而发生变化。因此，通过系统的调整日常

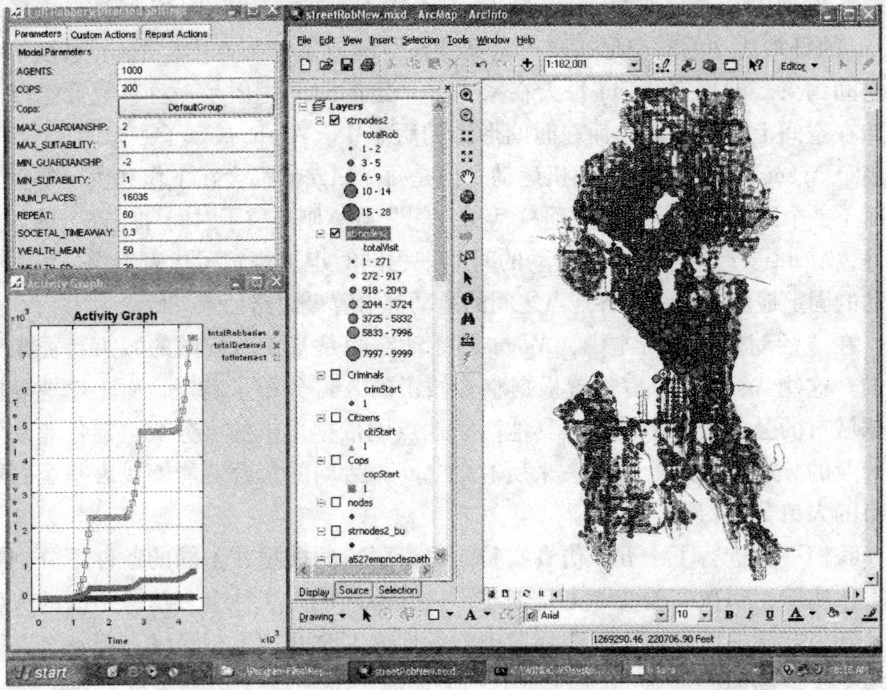

图 16.2　街头抢劫模拟的可视化效果。读者可以从本书附录看到该图片的彩色版本。

活动中的时空要素所得到的结果显示出日常活动的时间和空间约束在决定街头抢劫犯罪的发生过程中起着重要的决定性作用，所以在将来旨在分析抢劫犯罪中的人员活动行为因素时必须要考虑人员行为的时空性影响。尤其特别的是，研究还发现了街道网络和犯罪机会分布在人员运动和街头抢劫发生中的重要性作用。

Agent－Based 方法的先进性还体现在如下几个方面：

- 该研究系统展示了仿真模型在结构化验证理论方面的作用，并且能够将理论结果与模拟结果进行比较；
- 该研究展示了模拟仿真的价值。根据华盛顿州西雅图市的就业、住房、娱乐、零售和服务分布建立人员的日常活动环境，进而有效地开展土地利用对 Agent 活动的影响分析。Agent 沿着西雅图市的 GIS 矢量街道来运动。这些先进性能够保证可以在三个不同的时空活动约束下进行模型结果的比较：空间随机、时间约束下的随机、时间和空间约束下的随机；
- 这种模拟仿真的实验第一次实现了基于个体数据的日常活动理论检验。虽然采用的是 Agent 而不是实证数据，这种模拟仿真框架能够使严格的科学理论应用于模型的设计和检验与结果的分析；

总而言之，本研究中所用的方法实现了理论的方程化和基于实证数据的理论检验之间的桥梁。虽然这些检验并不能最终决定理论是否在实证中是有效的，但是却能够在理论付诸于实践之前对理论进行完善。

16.5 模拟结果与实际结果的比较

虽然本案例中建立该模型的目的并非为了精确的预测街头抢劫犯罪的发生，但是与实证街头抢劫空间分布的比较证明模拟的结果和实际的结果具有一些共同的特点（Liu *et al.* 2005）。两个结果都呈现出了聚类的特征（抢劫具有热点特征），而且如果不考虑模型的版本，犯罪的热点都位于商业圈的中心地带。这些直接的结果比较提高了模型结果的合理性。然而，用于预测犯罪形态的模型必须要经受到目前为止仍然存在争议的严格的验证过程。而对模型的验证来说一个关键性的问题就是不同的模型可能会产生相同的结果（O'Sullivan, 2004）。我们如何才能知道哪个模型最能反映犯罪现象的本质呢？另一个专门针对犯罪模型的问题是如何在没有可靠的比较数据的情况下来验证模型。官方的犯罪数据只是代表了已发生的犯罪的部分情况（只有警察收集到的犯罪数据进行了归档）。因此到目前为止如何对仿真模型进行验证仍然是一个讨论的热点问题。

16.6 实践应用的意义

虽然模拟仿真在环境犯罪学研究中仍然处于起步阶段，其潜在的政策分析和实践检验意义却十分的丰富。例如，Agent - Based 模拟能够用来对相关政策的影响进行检验。这在犯罪司法领域尤其重要，因为政策的制定者和实践者必须要在不同的策略之间进行抉择，但是通常他们能够赖以制定决策的依据非常的缺乏。

在犯罪预防领域，警察可以从环境设计预防犯罪中（CPTED - Crime Prevention Through Environmental Design）获得启发，而针对环境犯罪预防就可以进行大量的研究。有时这些方法所给出的物理环境设计和出入控制策略要实施起来代价非常高昂（如关闭街道、更改建筑的设计结构等等）。而仿真可以在实证检验之前通过分析这些策略的有效性来达到节约成本的目的。此外，仿真的量化输出结果还可以初步用于成本效益分析来对新的方法进行评估。

犯罪机会理论是关于犯罪发生必要的要素以及如何使这些要素在同一个时间空间条件下同时具备的假设。在仿真过程中，可以通过控制其他变量保持不变而专门系统的对其中某一个变量进行研究，这样一来就能够得到每个变量对犯罪变化的影响效果。例如，关于监护力量的的概念在犯罪机会理论中非常的重要，因此对于将地区管理人员假定为监护人的问题就可以通过仿真来检验。通过把地区管理人员加入到模型中然后运行模型来检验管理人员是如何改变犯罪要素之间的时空交互性以及涌现出的犯罪分布形态。这些实验对于了解犯罪形态背后的作用机制是十分重要的。

Agent - Based 模型同样可以用于检验不同的巡逻策略对犯罪预防的有效性。例如，以犯罪热点为目标进行巡逻和在警察辖区内进行普通的巡逻进行比较可以确定哪一个在减少犯罪方面更有效一些。而通过变化警察的数量规模可以确定在特定的司法环境中最优的警察与市民比例是多少。犯罪的分布与收获的效益是与警察工作相关的其他一些主题，这些都可以用仿真模型来进行检验。

ABM 在理论检验和策略评估方面的应用非常的广泛。该研究只是提供了一个基础，人们可以继续开发更为专业的模型。而更为先进的模型能够产生一些与政策相关的结果来更好地解释犯罪活动中的环境要素作用。这些环境要素相对于对犯罪活动产生影响的社会和经济要素来说更容易改变，因此也就更容易产生直接的效果。

16.7 参考文献

Albercht, J. (2005) A new age for geosimulation. *Transactions in GIS* 9 (4): 415 - 454.

An, L., Linderman, M., Qi, j., Shortridge, A. and Liu, J. (2005) Exploring complexity in a human - environment system: an agent - based spatial model for multidisciplinary and multiscale integration. *Annals of the Association of American Geographers* 95 (1): 54 - 79.

Bonabeau, E. (2002) Agent - based modeling: methods and techniques for simulating human systems. Paper presented at the *Arthur M. Sackler Colloquium of the National Academy of Sciences*, Irvine, CA.

Brantingham, P. L. and Brantingham, P. J (2004) Computer simulation as a tool for environmental criminologists. *Security Journal* 17 (1): 21 - 30.

Brantingham, P. L. and Groff, E. R. (2004) The future of agent - based simulation in environmental criminology. Paper presented at the *American Society of Criminology*, Nashville, TN.

Brown, D. G., Riolo, R., Robinson, D. t., North, M. and Rand, W. (2005) Spatial process and data models: toward integration of agent - based models and GIS. *Journal of Geographic Systems* 7: 25 –47.

Cohen, L. E. and Felson, M. (1979) Social change and crime rate trends: a routine activity approach. *American Sociological Review* 44: 588 –608.

Dibble, C. (2001) *Theory in a complex world: GeoGraph computational laboratories.* Unpublished PhD dissertation, University of California Santa Barbara, Santa Barbara.

ECK, J. E. and Liu, L. (2004) Routine activity theory in a RA/CA crime simulationg. Paper presented at the *American Society of Criminology, Nashville, TN.*

Epstein, J. M. and Axtell, R. (1996) *Growing Artificial Societies.* Washington DC: Brookings Institution Press.

ESRI (2005) ArcGis 9. 1. Redlands, CA: Environmental Systems Research Institute.

Gilbert, N. and Terna, P. (1999) *How to Build and Use Agent – based Models in Social Science.* Online Discussion Paper, http: //web. econ. unito. it/terna/deposito/gil_ter. pdf [Retrieved 30 September 2003].

Gilbert, N. and Troitzsch, K. G. (1999) Simulation *for the Social.* Scientist. Buckingham: Open University Press.

Groff, E. R. (2007) Simulation for theory testing and experimentation: an example using routine activity theory and street robbery. *Journal of Quantitative Criminology* 23 (2): 75 –103.

Groff, E. R. (2008) Adding the temporal and spatial aspects of routine activities: a further test of routine activity theory. *Security Journa*l.

Groff, E. R. (2007) 'Situating' simulation to model human spatio – temporal interactions: an example using crime events. *Transactions* in GIS 11: 507 –530.

Groff, E. R. (in press) Spatio – temporal aspects of routine activities and the distribution of street robbery. In *Artificial Crime Analysis System: Using Computer Simulations and Geographic Information Systems*, Liu, L. and Eck, J. (Eds). Hershey, PA: Idea Group.

Huisman, O. and Forer, P. (1998) Computational agents and urban life spaces: a preliminary realization of the time – geography of student lifestyles. Paper presented at *GeoComputation* 98, Bristol.

Liu, L., Wang, X., Eck, J. and Liang, J. (2005) Simulating crime events and crime patterns in RA/CA model. In *Geographic Information Systems and Crime Analysis*, Wang, F. (Ed.), pp. 197 –213. Singapore: Idea Group.

Macy, M. W. and Willer, R. (2002) From factors to actors: computational sociology and agent - based modeling. *Annual Review of Sociology* 28: 143 - 166.

North, M. J., Collier, N. T. and Vos, J. R. (2006) Experiences creating three implementations of the repast agent modeling toolkit. ACM *Transactions on Modeling and Computer simulation* 16 (1): 1 - 25.

O'Sullivan, D. (2004) Complexity science and human geography. Transactions of the Institute of British *Geographers* 29: 282 - 295.

O'Sullivan, D. and Haklay, M. (2000) Agent - based models and individualism: is the world agent - based? *Environment and Planning A* 32 (8): 1409 - 1425.

17 用于评估恐怖袭击脆弱性目标的犯罪制图技术

Rachel Boba

17.1 前言

可以说，犯罪分析师在警察部门中非常重要，他们利用目前的先进技术和工具对社区风险的评估做出了非常重要的贡献（NCPE，2006）。警察部门与犯罪分析师为了寻求更好的犯罪预防手段尤其会关注于特定条件下存在犯罪机会的原因以及犯罪机会是如何产生的。同样的原理也可以用于恐怖袭击事件的分析。两位环境预防犯罪方面的专家 Ron Clarke 和 Graeme Newman（2006），在其著作《智斗恐怖主义》中提出了执法部门应如何通过重视犯罪分析和犯罪制图来了解恐怖活动的机会、风险评估和犯罪预防等。这项工作目前利用的是由 Clarke 和 Newman（2006）提出的标准结合当前的犯罪制图水平来评估脆弱性的目标，进而基于面临恐怖主义风险的目标脆弱性来对社区内提出一种策略性的评估技术。我们给出了一个虚拟的案例来展示这项技术，最终辅助地方的警察和分析师开展反恐怖行动。

17.2 评估目标的脆弱性：两类要素

Clarke 和 Newman（2006）讨论了恐怖活动发生机会的四个主要核心要素，包括目标、工具、武器和便于行动的环境条件。他们认为只有很好地了解恐怖活动发生机会的这些要素才能更清楚地了解风险的分布，进而提出合理的预防机制。尤其是，我们也认为地方警察部门“必须要确定脆弱性的目标位置，将其置于优先保护之下，分析其可能存在的弱点，根据其风险进行针对性的保护”（Clarke，Newman，2006）。而犯罪分析和犯罪制图可以说在所有的这四个机会要素方面都能够提供相应的支持。但是，本文只关注四个方面其中的一个——评估目标的脆弱性——提供一种能够用地理信息技术和现有警察收集的数据来解决问题的技术。

一般来说，这项技术采用 GIS、地理信息数据、地方警察部门的工作经验与 Clarke 和 Newman 针对脆弱性目标所提出的标准来对一个特定的社区开发一个具有风险变化分布特征的地图，该地图能够表明哪些区域的恐怖主义风险较高或较低。重要的是，对于这项技术，一些犯罪分析师利用他们所掌握的地理信息数据和软件就可以实现（Boba，2005）。这项技术的目的并不是要告诉人们具体哪个目标脆弱性最高或者哪个目标什么时候可能会受到攻击，而是在一个完整的社区中基于多个目标给出区域的风险分析结果，进而从战略上而不是战术上进行相关工作的部署。

Clarke 和 Newman（2006）强调分析师和警察部门必须要理解为什么一些特定的目标而不是其他目标更容易遭到恐怖分析的攻击，并且分析师和警察也要把自己假想成为恐怖分子来判断其如何决策。为了做到这一点，他们开发了一个评估潜在恐怖袭击目标的系统方法，该方法可以应用于任何一个关注恐怖袭击风险的社区中。我们开发的标准符合一种简称为“EVIL DONE”的要求，即暴露性（Exposed）、重要性（Vital）、标志性（Iconic）、合法性（Legitimate）、易损性（Destructible）、占有性（Occupied）、邻接性（Near）和简单性（Easy）。

该标准被制定的具有一定的普遍性以便于其能够适用于广大的社区，包括大都市和小的城乡社区。例如，美国南达科他州的 Mount Rushmore 作为一个可能遭到恐怖分子攻击的目标，具有一定的暴露性、标志性、合法性和易损性，但是由于距离太远因此具有较差的重要性、占有性、邻近性和简单性。另一方面，位于纽约市的世界贸易中心双子塔就具有所有的这些特征，这也是为什么在过去几年当中他们频频遭受恐怖攻击。此外，一些地理特征也要被考虑为脆弱性，包括（Ronczkowski，2004）核电厂、合成氨厂、机场、火车道、大众运输线、游乐园、购物中心、纪念碑、研究实验室、水坝、炼油厂、政府大楼、港口、机动车道、河流、高密度人口居民区和城市生命线系统等。

该项技术一共有两个主要组成部分，第一个是基于一个特定的目标或目标类型位置选定一个风险区域。这里面每个目标不是单独分析的，由于主要是进行战术分析和响应，因此执法部门要事先划分为比较小的区域，这就能够一起来分析目标的脆弱性，并在一个社区特定的区域范围内确定优先区域和预防策略。分析师可以通过不同的方法利用 GIS 软件来选定事先确定的区域，这些方法包括（这些案例将在后面详细提供）：

- 相交：分析师可以根据区域的位置是否与目标相交来确定是否选定该区域；
- 邻接：分析师可以根据区域距离一个特定的目标的距离来决定是否选定该区域；

- 完全包含：分析师可以根据目标是否完全在一个区域的范围之内来决定是否选定该区域；
- 部分包含：分析师可以根据目标部分位于一个区域内来确定是否选定该区域，这对于比较大的目标来说是很重要的（比如核电厂）。

该技术的第二个组成部分是基于一个特定的目标或目标类型的脆弱性来给一个选定的区域赋予分数值。这里我们基于目标是否与区域的空间关系采用 E-VIL DONE 标准来对选定的区域赋予分数值。这里的八个要素的每一个都被赋予一个数值为 1 的分值，这样人们会据此对每个目标进行打分。我们还用 Mount Rushmore 为例，八个要素中它一共包含了四个，因此基于该目标所选定的任何区域都被赋予一个 4 分的数值。得到特定目标或目标类型的分数值后，从事反恐工作和脆弱性目标保护的警察部门会据此进行决策。

如果对 EVIL DONE 当中的每个要素赋予权值而不是分值的话，分析会变得更复杂一些，只是这里对每一个要素就不能等同考虑，而是根据要素的重要性来考虑。例如，如果一个目标被考虑为偏重“重要性”，那么就可以给其赋予 2 的权值，而“简单性”可能就只给 1 的分值。具体的操作可以由从事相关工作的警察部门来决定。

为了将该技术的两个部分结合起来，可以用 GIS 的图层来表示的不同类型的目标分别进行打分然后对整个区域内的目标分值进行加和。不同区域将按照区域内目标风险所累积的分数值进行专题图投影。这里用于颜色渐变的分类（自然划分、标准差划分、等间距划分等）将由分析师根据分析的目的和数据的本质来确定。最后形成的地图上，投影颜色最深的地方风险最高。在下面的内容中我们将对这项技术和方法的原理用一个虚拟的案例来进行说明。

17.3 评估目标的脆弱性：一个虚拟案例的分析。

图 17.1 展示的是一个虚拟城市，其中包含了好几类空间特征都可能会成为恐怖袭击的目标。为了简便，本案例中只考虑一些主要的研究机构（生物中心等）、河流、学校、铁路线、政府大楼、街道和一些区域（事先基于警察巡逻区域、普查街区或者普查街道等确定出的一些公共区域）。一些特殊类型的目标和特定的分析地理空间单元主要取决于现有的数据和单个社区的评估。

在这之后是一系列的地图，这些地图从不同的角度展示了如何在一个 GIS 中选定一个区域并根据 EVIL DONE 标准来对其进行赋值。由于 EVIL DONE 标准中每一个要素的数值都是 1，然后通过对这类目标进行一般性评估来对其赋予的数值进行估算。在实际工作中，该评估主要是基于地点的一般化类型和具体社区具体目标的特殊性质。

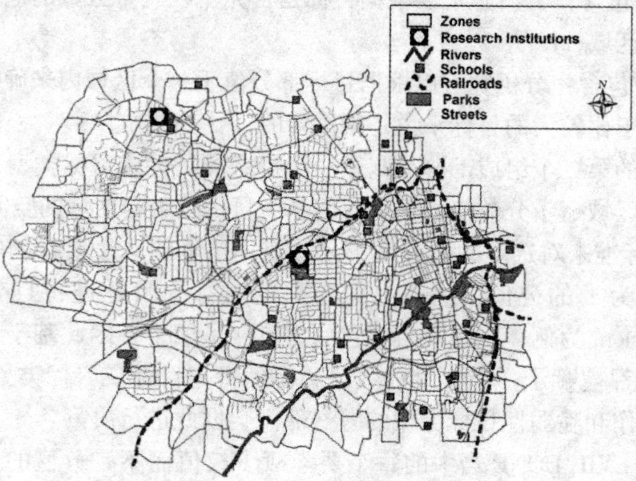

图 17.1　虚拟城市的地图要素。

图 17.2a 显示的是一个根据河流的流向或“相交性”来确定已选定区域内的河流要素。基于这些河流的暴露性、合法性、邻接性、简单性，但是不具有重要性、标志性、易损性和占有性，这些区域的分值估算为 4。明显的是，一条河流的分值在其他条件下可能就会不同了。另外需要说明的一点就是沿着河边的某个区域可能具有不同的分值，比方说，在河堤上是否有重要的房屋等等。

图 17.2b 展示的是选定区域内距铁道中心宽度 500 英尺的特征范围分布。在这里选择的方法与前面河流的方法不同，因为这里选定的是距离目标一定距离范围内的区域，而不是与其相交所形成的区域。这对于铁路来说是可行的，因为这些区域是接近铁路的必经之地。对铁路的分值确定为 6，因为铁路具有暴露性、重要性、合法性、易损性、邻接性和简单性，但不具有标志性和占有性。与前面的河流一样，铁路所穿过的区域根据区域的特征也可以赋予不同的分值。

图 17.2c 显示的是学校的位置（用点表示），并且阴影区域表示的是这些学校的位置完全在区域范围内。这些学校的分值为 8，因为学校一般来讲具有全部的 EVIL DONE 特征。对一个具体的社区来说，其给定的分数值还要根据每个学校的特征与脆弱性来变化。

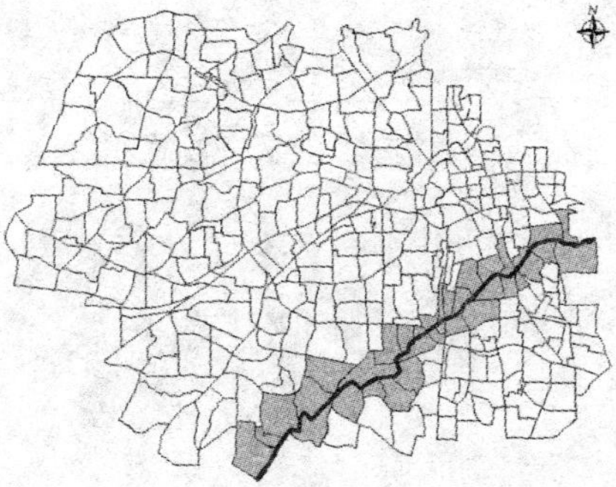

(a)

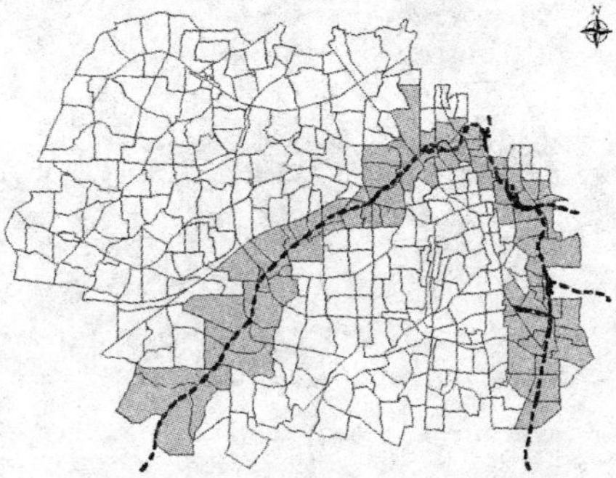

(b)

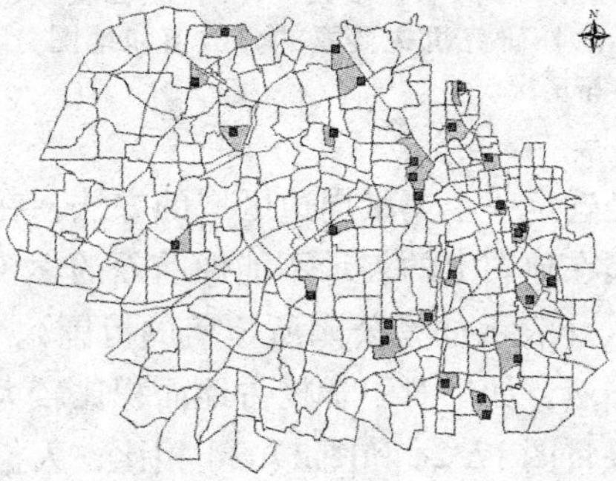

(c)

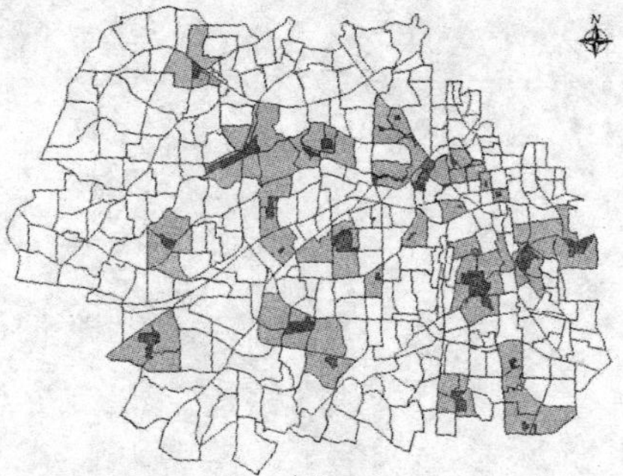

(d)

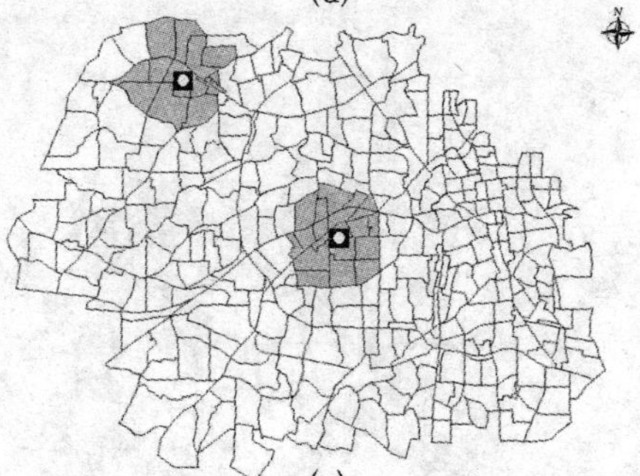

(e)

图 17. 2　基于 EVIL DONE 标准所给出的（a）河流要素，（b）铁路要素，（c）学校要素，（d）公园要素，（e）研究机构要素的分数值和地图分布情况。

图 17. 2d 展示的是选定一个要素周边区域的方法。在这里我们分析的对象是一个公园，这个公园在地图上的表示不能像前面的学校一样用点来表示，而是需要用多边形来表示（表示的是公园所覆盖的范围），这样才能对整个公园区域进行风险评估。当然，如果对于学校占地面积比较大的情况也可以用区域形状来表示学校。如果将图 17. 2c 和图 17. 2d 相比，人们可以看到图中表示为灰色阴影区域数量之间的差别。对这些区域来说，不管其与公园的空间位置如何其分数值都是 4，因为公园具有暴露性、合法性、邻接性和简单性。但是，公园的分值可能还要随着季节和日期发生变化，因为在某些比较特殊的日子中公园具有一定的标志性和占有性，比如在美国每年的 7 月 4 日就非常特殊，因为在这天通常在所有公园都会有烟火表演。

最后一个例子是展示在图 17. 2e 中的距离一个研究机构“0. 5 英里”的区域范围。这种选择主要用于一旦目标被恐怖分子攻击后会，形成的化学污染或其他因素可能会影响周围区域的情况。对这种区域分值给定为6，因为它们具有明显的暴露性、合法性、易损性、占有性、邻接性和简单性。

一旦选定了区域并且对每个地理要素均赋予了分数值，在GIS中对每个区域的分数值加和在一起，并在地图上对分值进行渲染，从而给出整个社区的风险脆弱性分布情况。图17.3展示的是前面分析得到的各项分数之和的分布。现在这张地图可用于社区内的预防措施优化和资源分配。

需要重申一点的是，这些地图展示了一种空间地理方法，犯罪分析师可以采用这种方法来分析一些容易遭受恐怖袭击的目标的脆弱性。这可以有助于帮助一个警察机构和市政府来开展应急响应与优化目标保护。预先确定的地理单元的面积和实际部分将主要基于具体的执法辖区、地形测绘和距具体目标要素的距离来确定。比方说，如果一个执法辖区的面积不到一平方英里，则空间单元就会相对比较小一些。或者，分析师也可以在GIS上对地图覆盖一层网格来保证相同区域面积之间的比较。根据EVIL DONE机制确定的分值也同样要取决于当地的环境条件和随目标类型而变化的恐怖事件机会。比方说，如果一个区域内有一家研究炭疽的研究所，那么这个区域的风险分值肯定要比没有这类机构的区域要高。

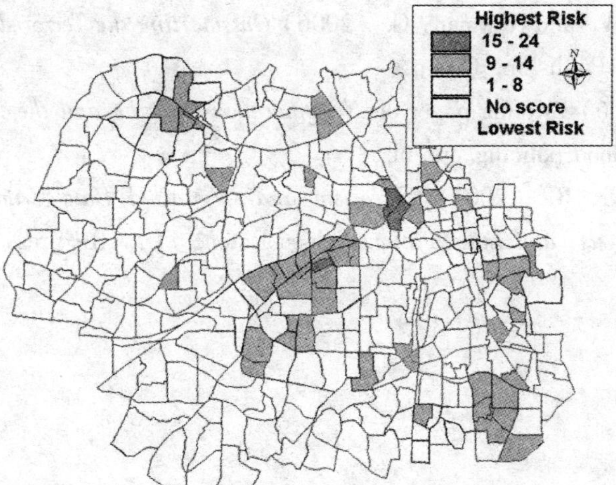

图17.3　基于EVIL DONE标准给出的风险分析结果。

最后，这种方法处理的结果并不是静态的，正如以上所说，一年内发生的一系列事件，比如7月4日的烟花庆典活动就会显著改变那个月的分析趋势。可以说目标及其脆弱性并不是静止不变的，因此需要人们在分析时要动态地跟踪目标的脆弱性变化。但不管怎么说，分析目标脆弱性这项技术及其运行的软件和数据分析技术是可靠的。

17.4 需要注意的一些问题

在使用该技术方面还需要注意几项。第一是这项技术还没有经过实证检验，因此在根据该项技术的结果进行决策时还需要考虑其他因素的作用。第二个是在分析过程中做出的决策一般都有些偏主观性，因此在最终决策时最好与具有空间分析和反恐经验的专家进行协商。对于一个有效的最终方法和工具来说，团队的合作是必要的。最后，该方法不是要告诉人们哪里可能会发生恐怖袭击，而是为警察部门提供一种方式来优化目标的保护以及对位于风险区域内的人们进行及时的通知。该方法为地方的警察部门提供了一种基础犯罪制图和分析技术，这对于评估社区内目标遭受恐怖袭击的脆弱性风险方面可以说是一种合理的尝试。

17.5 参考文献

Boba, R. (2005) *Crime Analysis and Crime Mapping.* Thousand Oaks, CA: Sage Publications, Inc.

Clarke, R. V. and Newman, G. (2006) *Outsmarting the Terrorists.* Portsmouth, NH: Greenwood Publishing Group.

NCPE (2006) Briefing paper on *Neighborhood Policing and the NIM* (online). www. neighbourhood policing. org. uk.

Ronczkowski, R. (2004) *Terrorism and Organized Hate Crime: Intelligence Gathering, Analysis, and Investigations.* Boca Raton, FL: CRC press

18 交互式罪犯分析系统

David Canter, Donna Youngs

18.1 前言

交互式罪犯分析系统（IOPS – Interactive Offender Profiling System）起源于国际心理调查中心（ICIP – International Centre for Investigative Psychology）的关于罪犯活动的行为及空间分布形态的研究成果。该系统开发的初衷主要是为警察和执法机构分析人员提供一种辅助性的下一代软件工具。IOPS 能够快速地集成警用数据库，能够直接产生如下成果：

- 关联犯罪活动；
- 确定重点嫌疑人；
- 建立罪犯空间行为目录；
- 筛选出需要进一步调查的重点人员；
- 为收集的情报提供位置信息；
- 开展犯罪热点分析；
- 支持空间编码；
- 支持在 ArcGIS 或其他 GIS 软件上强大的制图能力。

最早的 IOPS（Canter，2004）系统是在二十年研究成果积累的基础上开发出来的。下面给出的是一些该系统应用的典型场景：

发生入室盗窃案件。随后通过犯罪现场调查和远程信息源得到案件的地点和犯罪的详细信息，将其与现有的数据库集成起来并与在线地图进行关联，然后发送给当地警察部门的情报分析人员或专业的情报分析部门。

数字地理信息受到犯罪数据和大量的分析功能支持，这些分析功能可以实现基于背景信息的快速比对。这可以使分析人员在关注当地入室盗窃案件和犯罪嫌疑人之间可能存在的关联性来进行案情推理。这可能会涉及很多罪犯及其住址的信息。此外一些非法窝赃人员和吸毒人员也是值得怀疑的。

通过系统查询分析人员会向巡逻警察报警，提示其注意观察某个区域内的犯罪人员并且通过给出住址对其中的三个最有可能的嫌疑犯进行重点关注。

18.2 一种集成式操作系统

英国都市警察局通过斯特拉斯克莱德大学开尔文研究所的软件工程师开发了第一个版本的交互式罪犯分析系统。该系统收集了大量的警用数据信息并在此基础上利用地理分析软件 Dragnet 来对犯罪活动的空间行为分布进行研究，并能够生成地图并和一个罪犯犯罪手法的多维可缩放可视化模型进行集成。这些工作用不同的方式与其他分析方法相结合可以直接用来解决分析人员和侦查人员在调查中面临的问题。该系统可以通过以下方式来对连环犯罪活动、暴力犯罪活动和多发性犯罪活动进行辅助调查分析：

- 帮助确定出犯罪的某些方面值得重点怀疑来引导调查的进行；
- 提供区分罪犯特征行为的分析基础；
- 辅助确定哪些犯罪活动之间可能存在着关联性；
- 分析哪些侵财类犯罪之间或与暴力犯罪之间存在着关联性；
- 确定哪些地点可能还会收集到更多的情报；
- 确认出对某个罪犯比较重要的空间区域；
- 使用空间匹配和作案手段匹配来产生重点嫌疑犯名单——系统可以对已知罪犯进行搜索并将其按照地理位置和作案手段进行排序。

交互式罪犯分析系统有很多关键组件之间都具有相互作用性，这些将在下一节中介绍。

18.2.1 对案件和罪犯进行直接制图

ArcGIS 可以用来对警用数据库中给定的犯罪类型和确定时间范围内所有的犯罪案件进行制图。侦查人员和分析人员可以对这张地图进行会商以根据不同的业务标准选出这些案件的某一块出来进行研究。这些案件中的行为可以从警用信息系统中提取，然后根据这些行为和接下来的分析可用于创建作案手段热点地图。

18.2.2 作案手段热点地图

作案手段热点地图是心理调查的研究成果之一，而心理调查则主要用于入室盗窃到连环强奸案件中犯罪类型中一些关键性变化的分析识别（Canter, Youngs, 2003, 2008）。作案手段热点地图由犯罪活动的最小化空间分析功能组成，该功能能够对每一种犯罪活动的频次用不同的颜色代码来表示。这样能够显示出那些具有相同犯罪频次并用相同颜色表示的区域，从而揭示出整体的犯罪行为手段的分布形态。图 18.1 给出了具体的案例。

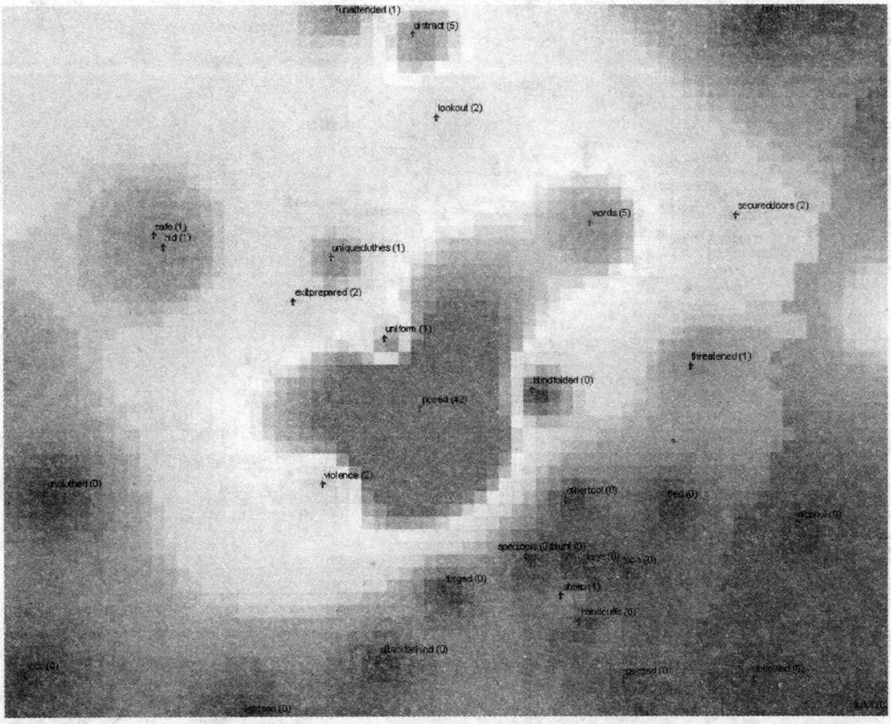

图 18.1 作案手段热点地图。图中的点代表罪犯的活动地点，这些点之间的距离越近，表明犯罪活动一起发生的可能性越大。读者可以在本书的附录中看到全彩色地图。

18.2.3 案例比较分析

在基于作案手段热点地图会商选择行为的基础上，还可以对从最初的犯罪数据当中选出的部分案件进行比较，在空间上用点符号对其进行标示，这样代表案件位置的点之间挨得越近，这些案件的作案手段就可能会越相似（如图 18.2）。这种方法同样也适用于互动或会商，这样具有相似性的犯罪活动位置就可以在电脑屏幕上显示出来然后画在地图上用于进一步的空间分析。

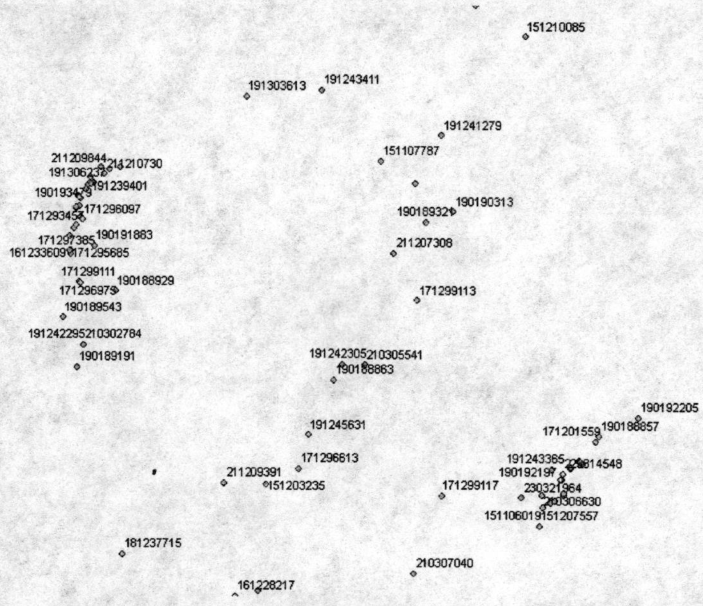

图 18.2　案例比较分析，数据为作案手段热点地图中的部分犯罪活动。图中显示出每个犯罪案件都有一个接警记录编号，表明这些编号是在警用数据库中分配的。

18.2.4　确定重点嫌疑犯

交互式罪犯分析系统能够进行的另一个信息化探索，是能够利用最初的犯罪地理分析结果来对嫌疑犯可能的位置生成一张地图（Canter，Youngs，2008）。将这张地图与已知罪犯位置信息的地图进行叠加，这样根据地理画像分析就能够得到广大区域内所有嫌犯可能居住的位置。在交互式罪犯分析系统生成的地图上对可能的嫌犯用十字符号表示（图 18.3）。

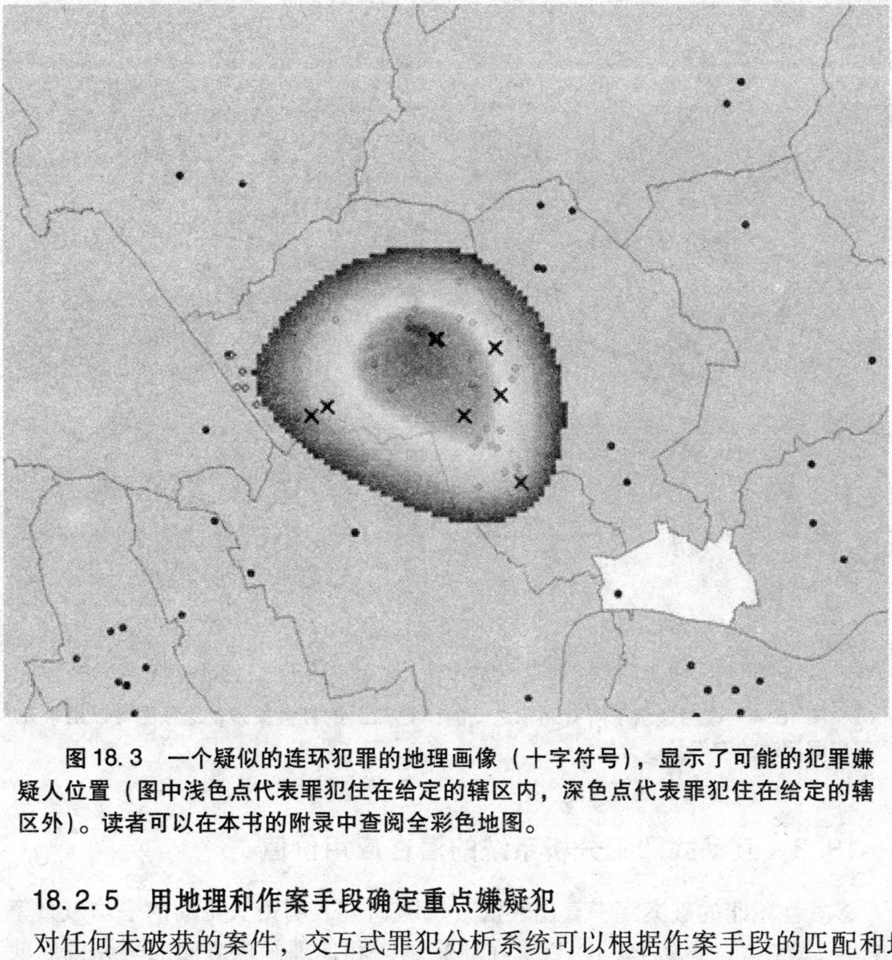

图 18.3 一个疑似的连环犯罪的地理画像（十字符号），显示了可能的犯罪嫌疑人位置（图中浅色点代表罪犯住在给定的辖区内，深色点代表罪犯住在给定的辖区外）。读者可以在本书的附录中查阅全彩色地图。

18.2.5 用地理和作案手段确定重点嫌疑犯

对任何未破获的案件，交互式罪犯分析系统可以根据作案手段的匹配和地理位置的匹配来对系统中所有已知的罪犯进行检查。这可以用于生成一张重点嫌疑犯表格。

18.2.6 社会网络分析

交互式罪犯分析系统的另一个功能就是在地图上表示出所有的罪犯之间的社会关系，进而对其他可能相关的犯罪进行分析（图 18.4）。

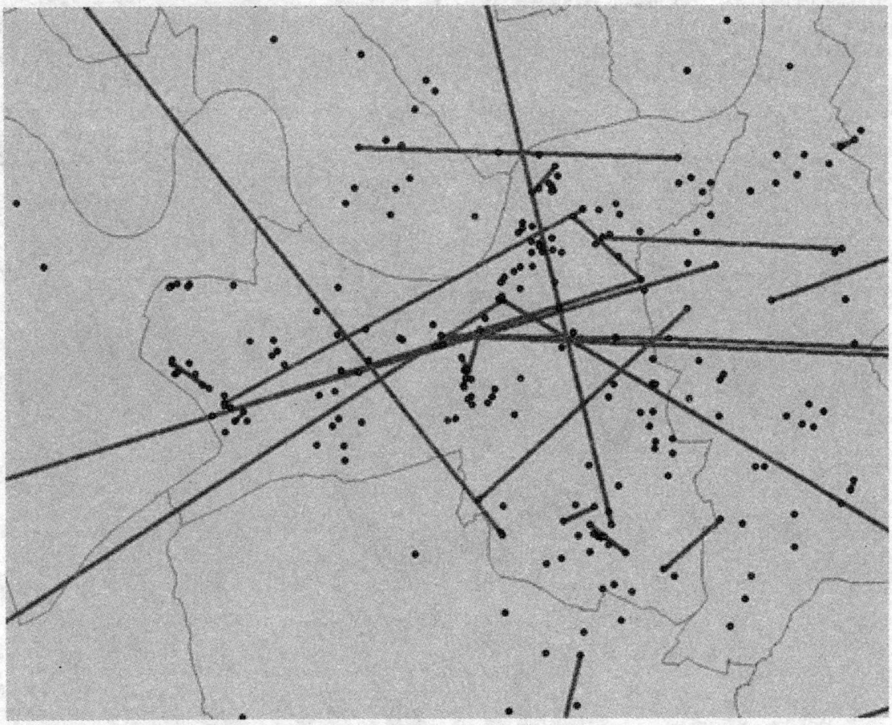

图 18.4　该图显示了所有罪犯之间的“已知”的社会关系，这张图可以用于开展犯罪活动的空间关联分析。

18.3　互动式罪犯分析系统的潜在应用价值

多发性犯罪的破案率一直比较低（ICIP 研究表明街头抢劫的平均破案率为 9.3%，入室盗窃为 9.7%）。近来在罪犯制图和地理画像方面的研究进展使得警察部门在犯罪侦查方面的效率得到了显著性的提高（Canter，Youngs，2008），通过开发犯罪侦查分析软件可以使犯罪分析师和调查人员以系统的方式实时利用警用数据库来开展工作：

- 基于作案手段可以生成一个以往类似犯罪活动的罪犯特征报告（罪犯特征化）；
- 基于某个区域内犯罪的地点、地域类型、环境特征和总体的犯罪分布形态来确定罪犯可能生活居住的地点（地理画像分析）；
- 将罪犯特征与犯罪地图集成在一起来确定出警用数据库中已知嫌犯中的重点人员（空间行为分析）；
- 进一步将未破获案件和一个普通的罪犯进行关联（案例比较分析）；

• 确定出可能存在的犯罪同伙，开展犯罪网络分析（地理社会网络分析）；

• 用时间和作案手段分析结果以及空间分析来预测可能出现的犯罪活动；

• 从犯罪预防的角度，对作案手段的空间分布变化进行持续性的制图，这样一来区域应急响应就可以用来对特定的作案手段和罪犯分布进行打击控制。

在警务环境中对犯罪活动的空间行为和社会方面进行实时分析同样也提供了一种研究平台。因此该系统还具有一种不断从犯罪活动研究中学习并且将其应用于业务工作的能力。可以说交互式罪犯分析系统从国际心理调查中心的研究中成长，最终又会对其进行回馈。

18.4 致谢

我们谨此对国际心理调查中心的 Freya Newman 为本文提供的材料表示感谢。

18.5 参考文献

Canter, D. (2004). The System: Towards an Interactive Offending Profiling System. Internal document, International Center for Investigative Psychology.

Canter, D. and Youngs, D. (2003). Beyond offender profiling: the need for an investigative psychology. In Handbook of Psychology in Legal Contexts, Bull, R. and Carson, D. (Eds), pp. 171 - 206. Chichester: Wiley.

Canter, D. and Youngs, D. (2008). Principles of Geographical Offender Profiling. Aldershot: Ashgate.

Canter, D. and Youngs, D. (2008). Applications of Geographical Offender Profiling. Aldershot: Ashgate.

Canter, D. and Youngs, D. (2008). Investigative Psychology. Chichester: Wiley.

索　　引

Agent－Based 模拟（ABM），参见仿真模型一章
等值线制图，参见专题图制作
犯罪分析　8，23，25，29，57，59，61，129，129，138
散点编码　78
社区凝聚力　69，86，87
控制区域　114
数据
　　犯罪　7，10
　　地址编码　5
　　空间人口普查，ACORN　86
　　导入　4
　　罪犯　77－78
　　警察　5
　　调查　86，90，95－100，105－107
　　空间　23
环境犯罪学　23，33，42，47，125
　　日常活动理论　120，121，123

地理编码　18，78，137
犯罪地理画像　19，33－39，41－48
　　高级　142
　　分析（GPA）　33，39，140
　　校正点　35，38，42，42，44，46，48
　　行为范围　35，137，140
　　罪犯的空间目标范围（CGT）　34，35，42，42
　　空间范围　34，35，35，38

关联分析 34，42，137，138，140，141
培训 46，131，132
空间分析，参见犯罪分析功能
采用组织化系统 17 - 19
系统
MapInfo 18，78，96，105
ArcGIS 27，50，120，137，138
培训 19 - 22，22
全球定位系统（GPS），参见 PDA PDA 35，37
热点 23，103，104，106，125，137
核密度估计 19，21 - 22，20，78，80
时空性 117，118
时间性 104
信息共享系统 86 - 92
情报分析，参见犯罪分析
调查策略 57

重点人网络（KIN） 75

线性模式 15

制图
自动化 25 - 29
临界阈值与报警 26，27，28 - 29
作案手法 35，42，50，57，57 - 58，61，138，139

国家情报模型 65，66，77 - 78，80
邻近重复现象 111 - 118
社区警务 75，87，99
社区范围 80
PDA（单兵数字辅助终端），参见全球定位系统（GPS）23，92
概率矩阵 52
概率网格方法（PGM），参见调查策略 50，51 - 52，53，54
重点人（PPOs） 77 - 79

SARA　69
信号事件，非法活动，重要事件　85，90，92，94，102－103
仿真模型　119－121
　　Agent－Based 模拟（ABM）　119－126
软件
　　Agent Analyst　120
　　水晶报表　26
　　犯罪统计　42，116－117
　　犯罪一览表　28
　　Dragnet　42，138
　　RepastPy　121
　　Rigel Analyst　34－35，39，46，47，50

策略评估　65，89，90

战术评估　67－68
时间分析　8，44，59
　　Aoristic　18－19，19，20
专题制图　78，99，131
可视化督查　102
　　环境（EVA）　88－89
脆弱性区域指数　69－75，79

基于 Web 制图　22－23，85－92

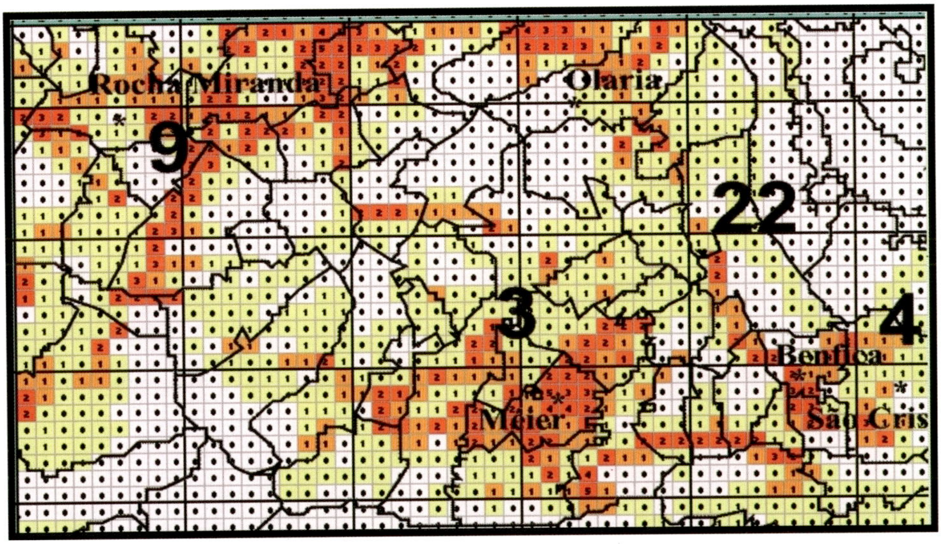

彩图2.2　CEMET 系统在没有 GIS 软件的条件下也可以进行计算。这张图片显示的是 CEMET 系统的计算结果（在每个网格中用不同的颜色显示），该结果展示在一张 EXCEL 表格中，并且该表格事先导入了一个里约州的区域行政背景地图。

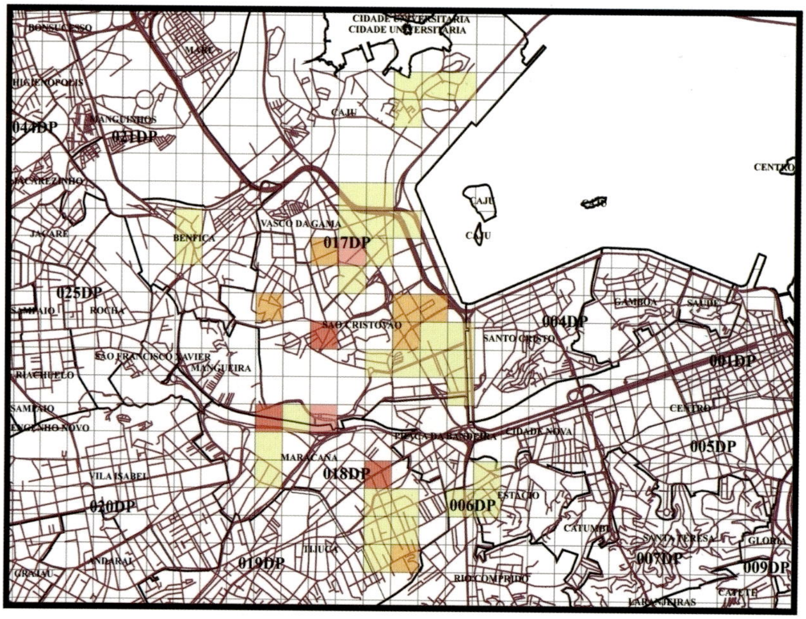

(a)

(b)

彩图2.4　从 CEMET 系统输出的结果显示了在马拉卡纳球场举行一场重要的足球比赛期间整个里约市的犯罪分布（a）基础地图和（b）遥感影像。彩色渐变反映的是网格内权重值的变化。没有渲染的网格表明没有发生犯罪，颜色越深的地区表明发生的犯罪越严重。

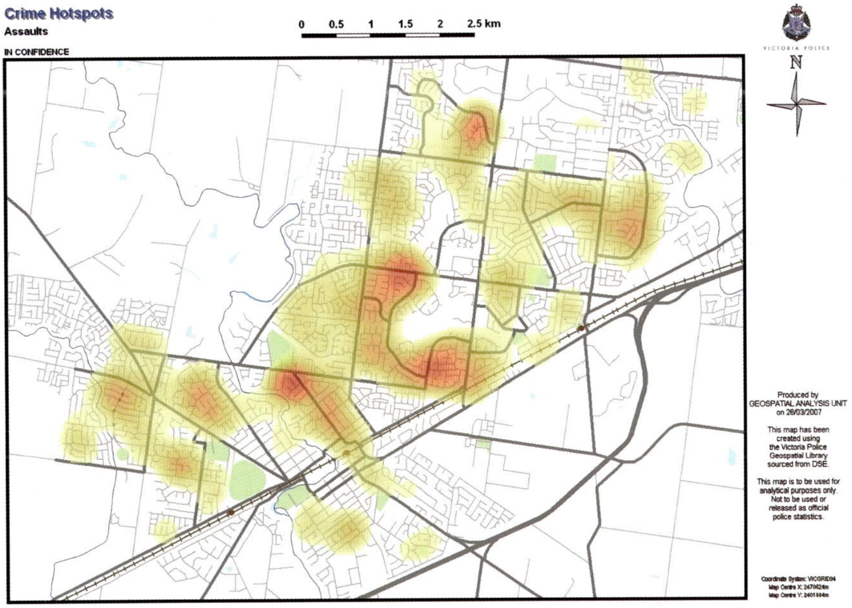

(a)

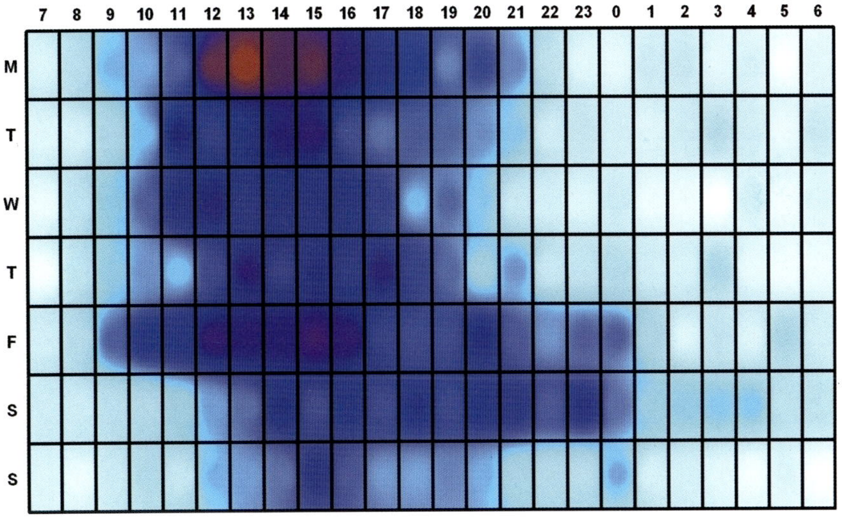

(b)

彩图 3. 1 （a）核密度估计热点图（b）维多利亚警察局利用 HS_Gridder 软件生成的时间变化图。

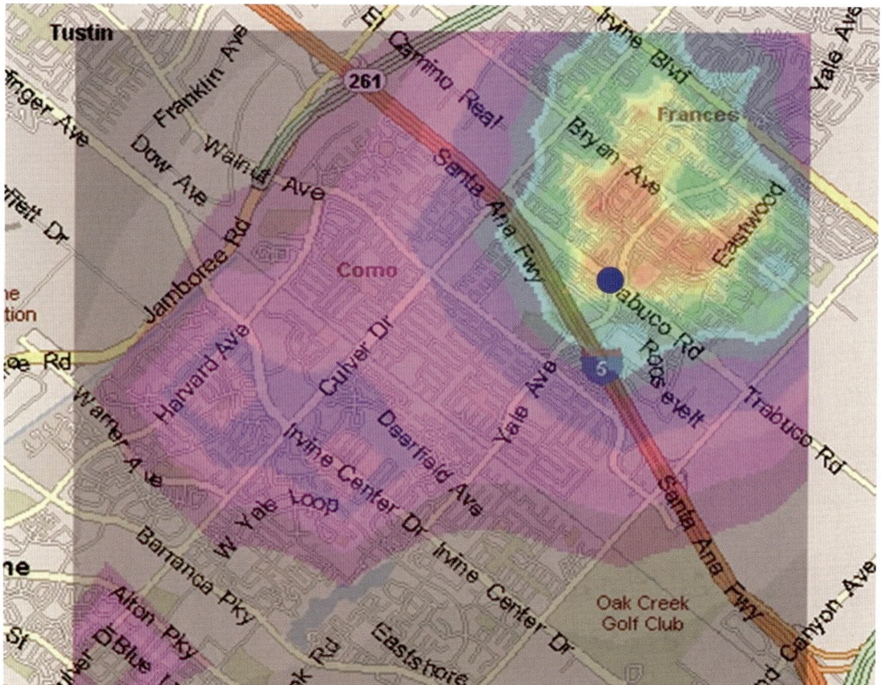

彩图 5.2　欧文市的连环入室盗窃案：地理画像地图和罪犯的识别地点（图中大圆点）。

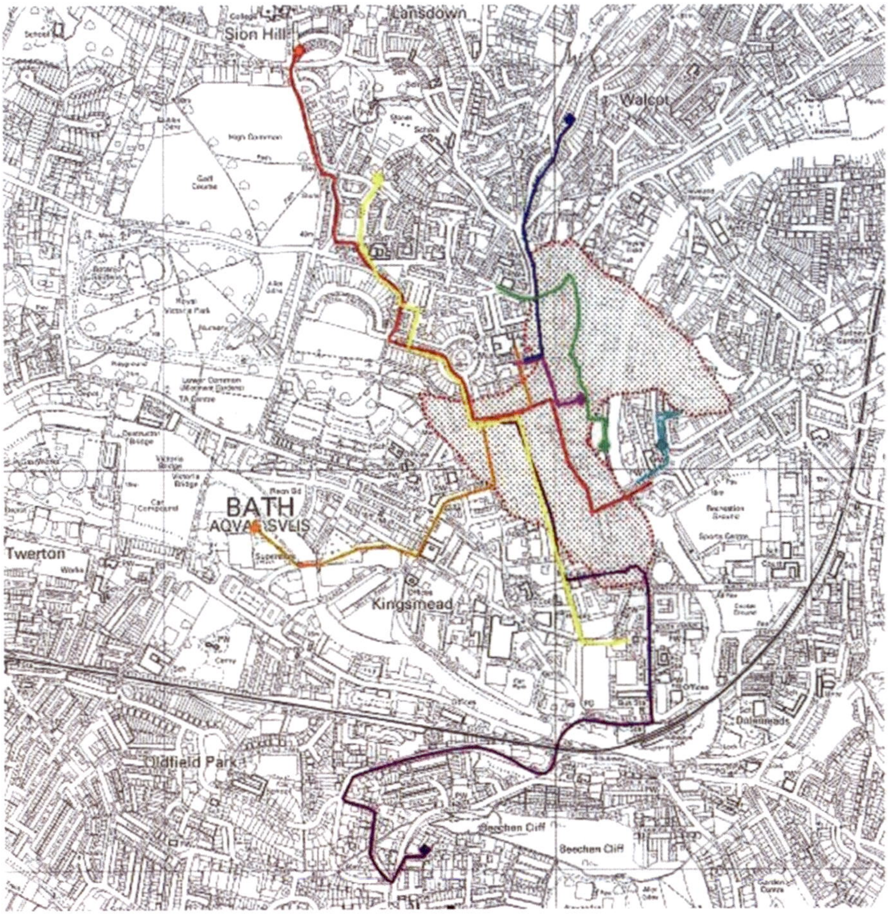

彩图 6.1　该图显示的是连环性侵案中 7 个受害者的行走路线与地理画像得到的重点区域（图中心的阴影区域）。图中结果显示在她们受到罪犯性侵的当夜的某个时间都经过了图中的阴影区域。

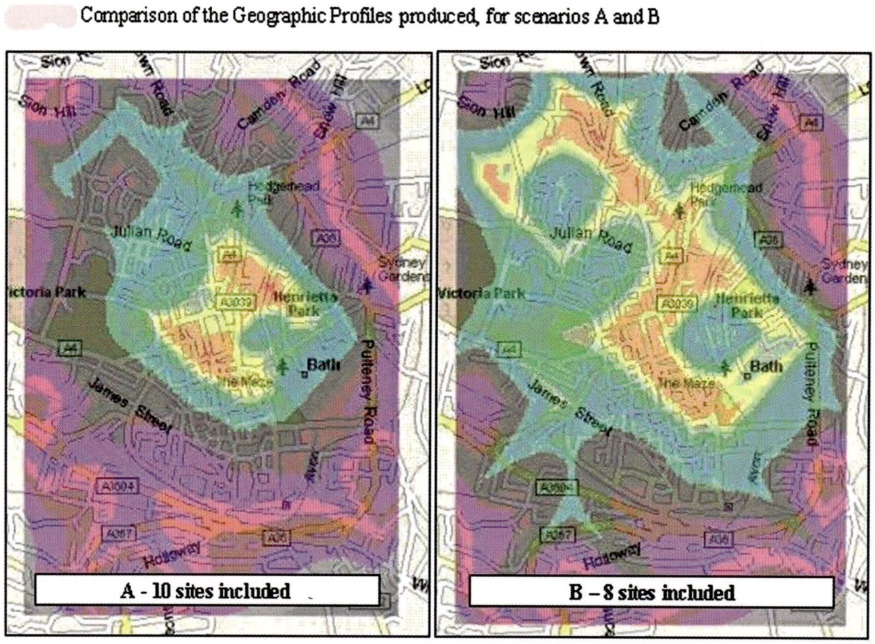

彩图6.2　生成的两个不同的地理画像结果（a）10 起案件（b）8 起案件。

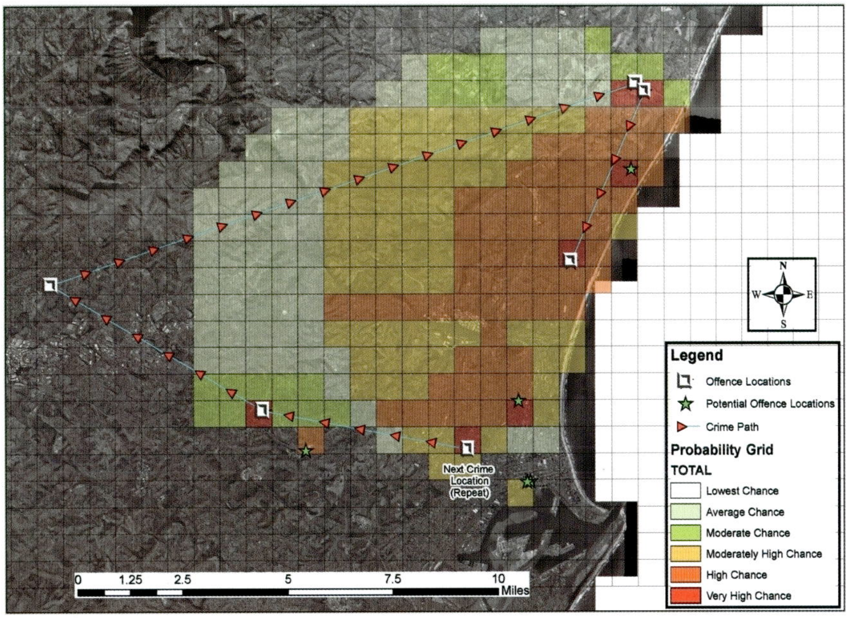

彩图 7.3　概率网格预测效果。

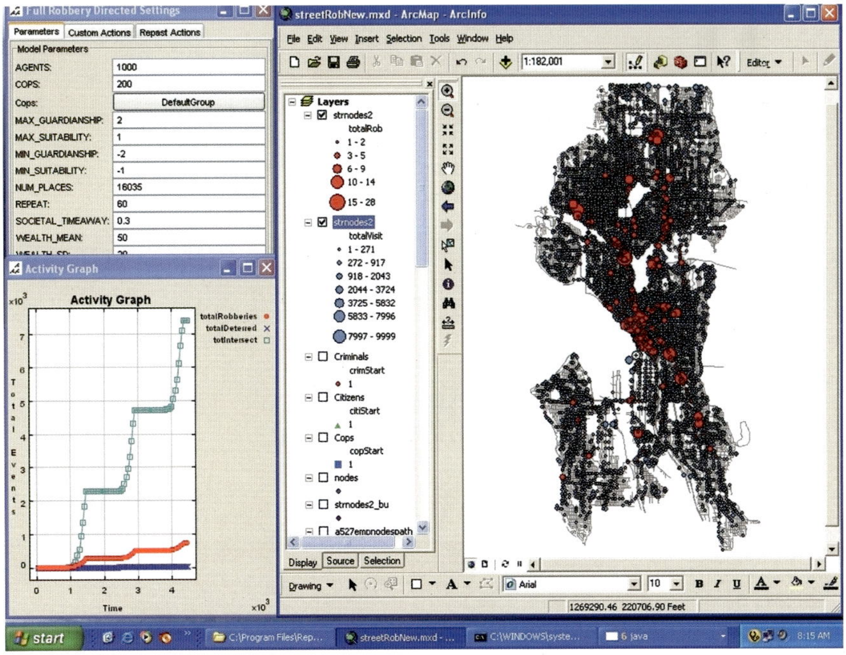

彩图 16.2　街头抢劫模拟结果的可视化分析。

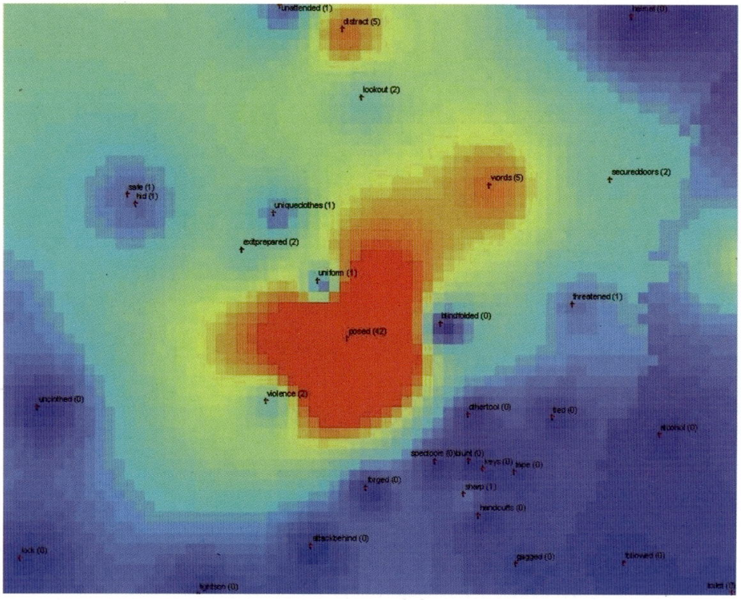

彩图 18.1　作案手段热点图。图中的点代表罪犯的活动地点，这些点之间的距离越近，表明犯罪活动一起发生的可能性越大。

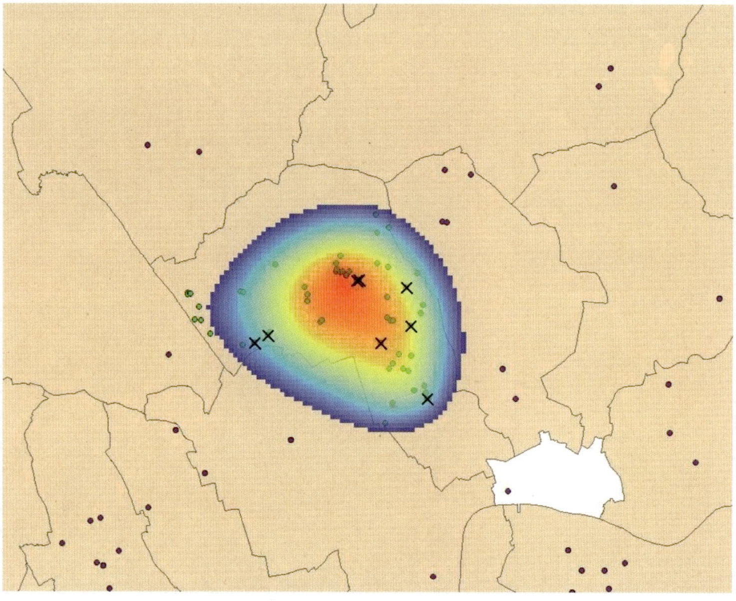

彩图 18.3　一个疑似的连环犯罪的地理画像（十字符号），显示了可能的犯罪嫌疑人位置（浅色点代表罪犯住在给定的辖区内，深色点代表罪犯住在给定的辖区外）。